Eckart Hammer

Männer altern anders

W0109897

Das Buch

Die lebensfrohe, hoffnungsvolle Generation 50+ ist in aller Munde – doch im Gegensatz zu den Frauen sind Männer über 50 noch weitgehend unerforschte Wesen. Dabei hält gerade diese Lebensphase zahlreiche Fallen für das männliche Selbstverständnis bereit: Bedeutet das Nachlassen der körperlichen Leistungsfähigkeit das Ende der Männlichkeit? Was kommt nach der Berufstätigkeit? Welche Freiräume und Chancen bieten sich – und was lässt man besser sein? Fest steht: Noch nie hatte man(n) so viele Möglichkeiten wie heute, den neuen Lebensabschnitt zu gestalten – dieses Buch bietet Informationen und Orientierung für Männer ab 50 und alle, die mit ihnen leben.

Der Autor

Prof. Dr. Eckart Hammer, geb. 1954, Dipl.-Sozialpädagoge und Sozialwissenschaftler, lehrt an der Evangelischen Hochschule in Ludwigsburg Gerontologie. Er beschäftigt sich seit vielen Jahren intensiv mit dem Thema Alter sowie mit Männerfragen. Eckart Hammer ist verheiratet, hat drei Kinder und lebt in Reutlingen.

Eckart Hammer

Männer altern anders

Eine Gebrauchsanweisung

HERDER

FREIBURG · BASEL · WIEN

HERDER spektrum Band 6262

MIX
Papier aus verantwor-
tungsvollen Quellen
FSC® C083411

Titel der Originalausgabe: Männer altern anders
© Verlag Herder GmbH, Freiburg im Breisgau 2007
ISBN 978-3-451-29717-5

2. Auflage 2012

© Verlag Herder GmbH, Freiburg im Breisgau 2010
www.herder.de

Umschlagkonzeption: R · M · E Eschlbeck: Roland Eschlbeck
Umschlaggestaltung: Verlag Herder
Umschlagfoto: © Getty Images
Foto Eckart Hammer: © privat

Satz: Layoutsatz Kendlinger
Herstellung: CPI - Clausen & Bosse, Leck

Printed in Germany

ISBN 978-3-451-06262-9

Inhalt

Für Brigitte,
die mich in meinem anders Altern
seit dreißig Jahren begleitet

Einleitung
Der alte Mann, das unbekannte Wesen

Ich glaube,
wir alten Säcke sind wieder sehr gefragt.

Dr. Georg Ringsgwandl

„Willkommen im Club!" waren die Grußworte der älteren Männer in meinem Umfeld, als ich vor drei Jahren meinen 50. Geburtstag feierte. Seither gehöre ich einem Club an, dem bereits jeder dritte Mann zugerechnet werden kann. Unsere Gruppe ist mit fast 14 Millionen Mitgliedern zum Beispiel doppelt so groß wie die der Ausländer in Deutschland, dreimal so groß wie die Anzahl aller Kinder im Vorschulalter oder die der Arbeitslosen. Und doch wird all diesen Bevölkerungsgruppen mehr Aufmerksamkeit geschenkt als den alternden Männern.

Was wissen wir eigentlich über den Mann jenseits der 50 – einmal abgesehen von der Mutmaßung, dass er wohl seinen Zenit überschritten hat und es mit ihm von nun an beruflich, körperlich und sexuell nur noch bergab geht, bevor dann irgendwann Impotenz, Inkontinenz und Demenz seine Karriere als Held beschließen? Der alte(rnde) Mann ist das unbekannte Wesen in der Gerontologie, kaum erforscht, selten besprochen. In den letzten 20 Jahren hat die Gerontologie, die Wissenschaft vom Alter(n), das Wissen über nahezu alle Fragen des Alter(n)s rasant vermehrt und den noch jungen Kontinent „Alter" fast lückenlos erforscht und vermessen. Doch den älteren Mann hat sie bei ihren vielfältigen Bemühungen weitgehend übersehen und vergessen.

Dies scheint auf den ersten Blick unlogisch. Denn Sozialforschung ist, wie der Männerforscher Holger Brandes feststellt, überwiegend Männerforschung: „Forschung von Männern über Männer und für Männer"[1]. Schaut man allerdings genauer hin, geht es dabei meist jedoch nicht um Männer als geschlechtliche, sondern als universelle, neutrale Wesen, bei denen die Tatsache der Geschlechtlichkeit ausgeblendet wurde. Mensch und Mann werden nicht unterschieden und so kann das, was dem Mann als Mann eigentümlich ist, seine spezifische geschlechtsbezogene Realität, nicht sichtbar werden.

Die kritische Männerforschung, die den Mann explizit zum Thema macht, fristet noch ein Schattendasein. Sie ist im doppelten Wortsinne noch zu jung: Angestoßen von der Frauenbewegung in den 70er-Jahren reflektier(t)en die Männerforscher häufig ihre eigene Lebenspraxis, ihre

Rollen als Väter, Ehemänner, ihre Berufsrollen. Die Publikationen der kritischen Männerforschung reichen so meist nur bis zum vierten, fünften Lebensjahrzehnt – entsprechend dem eigenen Alternshorizont der Forscher. Das Alter war in diesem Selbstreflexionsprozess bislang noch nicht dran, es gibt bislang, noch wenig Berührungspunkte zwischen der „männerbewegten" und der „altenbewegten" Welt[2].

„Altwerden ist nichts für Feiglinge"[3]

Männer haben fast alles untersucht und in Frage gestellt, nur nicht sich selbst. So haben auch ergrauende und ergraute männliche Gerontologen, obschon zum Teil selbst bereits ins Alter ihrer Untersuchungsobjekte gekommen, den alten Mann als Mann kaum erforscht. Vielleicht leiden sie unter einer Art „Gerophobia"[4], der Angst des Alternsforschers vor seinem Forschungsgegenstand. Denn nahezu alle Begriffe rund um das Adjektiv „alt" sind negativ belegt und darüber hinaus sind das Alter und der alte Mann der Inbegriff von Unmännlichkeit. So gilt für die meisten Gerontologen wie für fast alle anderen Menschen auch: Alt sind immer nur die anderen.

Geschlechterfragen im Alter sind vor allem von Frauen thematisiert worden und ein Großteil der Kenntnisse über Männer ist, gleichsam als Nebenprodukt, der Frauenforschung zu verdanken. Zu Lebenslagen und Benachteiligungen alter(nder) Frauen wurden Forschungsmittel bewilligt, Programme aufgelegt und detaillierte Studien durchgeführt. Folglich stößt man unter den Stichwörtern „Alter und Geschlecht" nahezu ausschließlich auf Frauenfragen. Die Tatsache, dass der Mann je älter desto seltener wird, dass zwei Drittel der über 75-Jährigen Frauen sind, hat vielfach dazu geführt, dass der alte Mann als nicht weiter der Rede und Forschung wert betrachtet wird. So ist der alte(rnde) Mann nach wie vor ein weitgehend unbekanntes Wesen, von dem bislang lediglich gesundheitliche und sexuelle Aspekte einigermaßen erhellt sind, was nicht zuletzt mit wirtschaftlichen Interessen an einem wachsenden Gesundheitsmarkt zu tun hat.

Die wenigen gesicherten wissenschaftlichen Befunde zu Männern und Alter stoßen auf eine überraschend große Resonanz, kommt man mit Männern und Frauen jenseits der 50 hierüber ins Gespräch: Wie kann man eine nachberufliche Lebensspanne gestalten, die oft länger als die Berufsphase ist? Warum werden Ehen im Alter so asymmetrisch erlebt? Wo findet der Mann in einer weiblichen

Altersgesellschaft noch seinen Platz? Wie bewältigen Männer körperliche Einbußen und Gebrechlichkeit? Warum ist die Suizidquote der alten Männer so unglaublich hoch? Warum sterben die Männer im Vergleich zu den Frauen so früh und warum wird dies überwiegend achselzuckend als „Naturgesetz" zur Kenntnis genommen?

Zu diesen und vielen anderen Fragen versucht dieses Buch Antworten zu finden. Es befasst sich mit den Herausforderungen, die sich jenseits des 50. Lebensjahres stellen. Wenn der Mann ein Alter erreicht hat, in dem Männer früher ans Sterben dachten und wo man, wie der Altersexperte Erich Schützendorf bilanziert, im Grunde genommen bereits ein ganzes Leben hinter sich hat: „Kindheit, Schule, Ausbildung, Partnerschaft, Beruf, Familie, Kindererziehung, Hobbys, Reisen, Krankheiten, Verletzungen, Niederlagen, Enttäuschungen. Die berufliche Karriere ist zu Ende, der Baum gepflanzt, das Haus noch nicht ganz, aber weitgehend abbezahlt. Jetzt könnte man sich auf das Altenteil begeben, so wie es unsere Eltern und Großeltern getan haben. Ein volles Leben neigt sich dem Ende entgegen. Allerdings steht uns im Gegensatz zu unseren Großeltern noch ein ganzes Leben bevor. Die 50-Jährigen stehen heute am Ende eines Lebens und doch mitten drin."[5]

Jeder ist alt. Nur unterschiedlich

Alter, zur Zeit unserer Groß- und Urgroßeltern noch jene kleine Spanne zwischen dem endgültigen Ende der Arbeitsfähigkeit und dem meist bald darauf eintretenden Lebensende, hat sich zu einem riesigen und beinahe unüberschaubaren Kontinent entwickelt. Alter, vor wenigen Jahrzehnten noch gleichgesetzt mit „arm und krank", hat sich so radikal ausgedehnt und ausdifferenziert, dass man von *dem* Alter schon längst nicht mehr sprechen kann. Das Alter ist bunt und unglaublich vielfältig, heterogener als jeder Lebensabschnitt zuvor. *Das* Alter gibt es nicht!

Da steht der 100-jährige Schauspieler immer noch im Rampenlicht, während der abgeschaffte Bauarbeiter mit seiner Frührente über die Runden kommt; der lebenslustige Pensionär verbringt die kalten Wintertage auf Teneriffa, während der alt gewordene Dauerarbeitslose die Welt per Fernsehen erkundet; da schreibt sich der eine zum Seniorenstudium ein, während dem anderen die Dias vom Herrn Pfarrer beim Altennachmittag gezeigt werden; der wohlhabende Senior genießt die kulturelle Vielfalt seines Seniorenstifts, während der demenziell erkrankte 60-Jährige im Pflegeheim nach Orientierung sucht.

Es macht längst schon keinen Sinn mehr, von *den* Alten zu reden. Wir müssen uns immer wieder neu darüber verständigen, von wem die Rede ist. Zahllos sind die Wortschöpfungen, mit denen wir die jeweilige Gruppierung beschreiben, wie etwa die jungen Alten, die alten Alten, die Fitten, die Abhängigen, die Slow-Goes, die No-Goes, die Grufties, die Selpies (second life people). Alle wollen es werden, aber keiner will es sein: alt. So werden neue Begriffe kreiert, mit denen dieses hässliche Wort umschifft werden soll: Da ist die Rede von Senioren, was irgendwie aktiver, jugendlicher und kompetenter klingen soll; politisch korrekter als „Alte" ist der Begriff „Ältere", obschon dies doch der Komparativ ist und Ältere damit eigentlich älter als Alte sein müssten.

Und so beschreibt auch dieses Buch nicht *das* Alter, sondern ein paar Facetten eines unfassbaren Bildes. Es lässt dazu fünf Männer zwischen 55 und 69 Jahren zu Wort kommen, mit denen ich mich ausführlich über ihr Altern unterhalten habe und die exemplarisch für fünf ganz unterschiedliche Lebenslagen stehen.

Wer alt werden will, muss jung damit anfangen

Dieses Buch will die Risiken und Chancen des Älterwerdens bei Männern sichtbar machen, vorliegende Forschungsbefunde vorstellen und Perspektiven für das Alter(n) erschließen. Es beleuchtet einerseits die „späten Freiheiten", die im Alter einen historisch so nie zuvor möglichen Entwicklungsraum eröffnen. Andererseits kann das Altern des Mannes von spürbaren und unbemerkten Krisen begleitet sein, die wahrgenommen und bearbeitet sein wollen. Diese Schattenseiten des Alter(n)s werden von vielen Männern verleugnet und verdrängt, denn das Alter ist die größte Kränkung des Mannes. Hinter der Verleugnung steht die Angst, die in dem Maße wächst, wie sie verdrängt wird. Angst kann jedoch nur bewältigt werden, wenn Schreckensphantasien durch Informationen ersetzt werden, wenn man sich den anstehenden Lebensfragen stellt. Zu einer produktiven Auseinandersetzung mit dem Alter(n) gehört deswegen immer der Blick auf Licht *und* Schatten, Gewinne *und* Verluste.

Dieses Buch ist ein Männerbuch, das sich mit Fragen des Älterwerdens und Alters jenseits des 50. Lebensjahres aus Männersicht und mit Blick auf Männer befasst. Es wendet sich an alle, die beruflich und privat mit dem Altern von Männern zu tun haben, die sich darauf vorbereiten und die damit zusammenhängenden Fragen besser verstehen wollen. Und somit ist es auch ein Buch für Frauen, die mit Männern klar kommen wollen und die sich (leider immer noch) oft mehr für Männerfragen interessieren als die Männer selbst.

Die fünf Kapitel orientieren sich an den fünf zentralen Dimensionen unseres Lebens und unserer Identität. Unser Wohlbefinden und unsere Entwicklung ruhen auf fünf Säulen der Identität, wie sie von den Gestalttherapeuten Hildegund Heinl und Hilarion Petzold beschrieben wurden: Unser Gefühl physischer und psychischer Gesundheit, unser Wohlbefinden hängen davon ab, dass wir

Die Säulen der Identität

Arbeit Betätigung	Soziales Netz	Körper Leiblichkeit	Materielle Sicherheit	Werte Sinn

diese fünf Säulen in einem ausgeglichenen, ausgewogenen Verhältnis halten und sie im Laufe unseres Lebens bis ins hohe Alter immer wieder aufs Neue auszubalancieren versuchen. Die Probleme, die entstehen können, wenn eine dieser Säulen brüchig wird oder wenn wir sie über Gebühr und zu Lasten der anderen verstärken, also die potenziellen „Ruinen" dieser Identitätssäulen, lassen sich in Anlehnung an ein Modell des Psychotherapeuten Nossrat Peseschkian gut ergänzend dazu beschreiben. Ist eine Säule der Identität gefährdet, wird im Alter häufig eine Rettung in zwei alternativen Richtungen gesucht, die jedoch beide in Sackgassen führen und die Identitätssäule ruinieren.

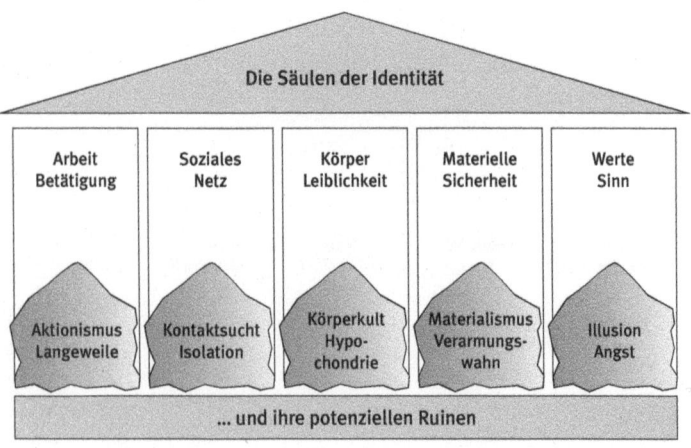

Die Säulen der Identität

Arbeit Betätigung	Soziales Netz	Körper Leiblichkeit	Materielle Sicherheit	Werte Sinn
Aktionismus Langeweile	Kontaktsucht Isolation	Körperkult Hypochondrie	Materialismus Verarmungswahn	Illusion Angst

... und ihre potenziellen Ruinen

Es gibt ein drittes, von dem Kommunikationsforscher Friedemann Schulz von Thun entwickeltes Modell, mit dessen Hilfe statt dieser falschen Alternativen eine geeignete Entwicklungsrichtung beschrieben werden kann: Sein sogenanntes Werte- und Entwicklungsquadrat geht davon aus, dass jeder noch so hohe Wert, jede Tugend zur Untugend wird, wenn man sie verabsolutiert. So verkommt zum Beispiel Aktivität zur Arbeitssucht, wenn sie nicht mit ihrer Schwestertugend, der Entspannung, gepaart ist; Entspannung wiederum entartet zur Langeweile, wenn sie nicht mit der Aktivität in ein gutes Gleichgewicht gebracht wird.

Zusammengenommen sind alle drei Modelle hilfreiche Instrumente der Selbstvergewisserung, der Krisenbewältigung und der Perspektiventwicklung nicht nur im Alter,

- um sich immer wieder selbst zu vergewissern, wie es um die Balance im Leben bestellt ist,
- um die Auswirkungen von kritischen Lebensereignissen zu verstehen und zu bewältigen
- und um Kurskorrekturen einzuleiten und neue Perspektiven zu entwickeln.

I. Gibt es ein Leben jenseits der Arbeit?

Altsein ist eine herrliche Sache,
wenn man nicht verlernt hat,
was Anfangen heißt.

Martin Buber

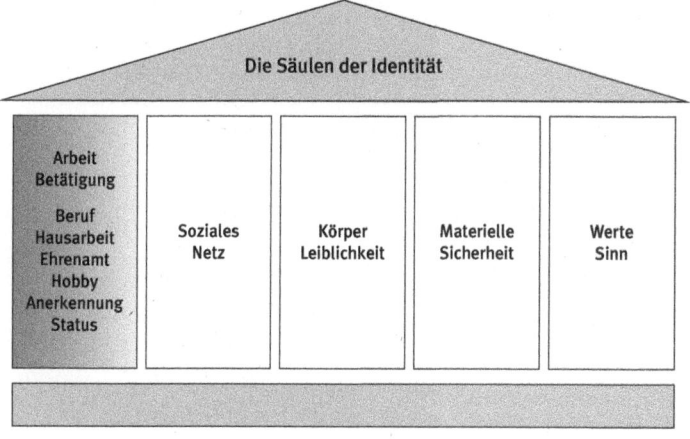

Die Säulen der Identität

| Arbeit Betätigung Beruf Hausarbeit Ehrenamt Hobby Anerkennung Status | Soziales Netz | Körper Leiblichkeit | Materielle Sicherheit | Werte Sinn |

Herr A., 56 Jahre, ist ein freundlicher und offener, jugendlich und leger wirkender Mann. Er empfängt mich in seinem großzügigen Haus im wohlhabenden Vorort einer westdeutschen Großstadt, wo er mit seiner Frau lebt. Das Haus ist geschmackvoll, mit vielerlei erlesenen Einrichtungsgegenständen und Kunstwerken eingerichtet und hat einen wunderbaren Blick ins Tal.

Herr A. hat eine Traumkarriere hinter sich. Wenige Jahre nach dem Krieg wurde er als einziges Kind in ärmlichen Verhältnissen inmitten einer Großstadt geboren. Der Sohn eines Schichtarbeiters wuchs in einem Dreigenerationenhaus mit drei Zimmern auf. Vom Gymnasium ohne Abschluss abgegangen, absolvierte er eine kaufmännische Lehre. Anfang 20 heiratete er seine jetzige Frau und wurde Vater. Während einer Zeit als Buchhalter in einem internationalen Konzern absolvierte er ein berufsbegleitendes Abendstudium und war bereits mit 30 Mitglied der Geschäftsleitung einer Konzerntochter. Seine steile Karriere führte ihn weiter in die Zentralverwaltung, wo er schon zwei Jahre später in den Vorstand aufrückte. Anfang 40 wurde er Vorstandsmitglied in der europäischen Zentrale und entwickelte innovative Unternehmenskonzepte, die weit über die Konzerngrenzen hinaus auf Resonanz stießen. Mit 50 suchte er nochmals eine neue Herausforderung, die er in der Konzernspitze in einer ganz anderen Branche fand. Der Mann aus kleinen Verhältnissen gehörte nun zu den Angesehenen und Mächtigen im Lande.

Herr A. engagierte sich „erfolgreich" für eine Umstrukturierung an der Konzernspitze – er machte sich selbst „überflüssig" und stand mit 54 und einem vorgezogenen Altersteilzeitvertrag plötzlich im Vorruhestand.

Sein „Ruhestand" ist sehr bewegt. Er besucht gerne seine zwei erwachsenen Kinder und liebt seine Enkel sehr.

Er übt noch etliche (Ehren-)Ämter aus, ist Mitglied in gewichtigen Kommissionen, entwickelt neue Projekte, publiziert und hält Vorträge. Er hat Lehraufträge im In- und Ausland, sogar eine Honorarprofessur, worauf er als Schulabgänger ohne Abitur besonders stolz ist.

Aber es macht Herrn A. dennoch zu schaffen, dass er beruflich nicht mehr wirklich gefragt ist und die Head- hunter bei ihm nicht anklopfen. Er habe Energie und Kraft, noch etwas Wichtiges zu tun, 70 Prozent seiner Potenziale würden brach liegen. „Die wirkliche Wert- schätzung fehlt in meinem Leben." Wenn er morgens mit seinem Hund unterwegs sei, würde er gelegent- lich mit Neid auf die Leute im Stau schauen, die zur Arbeit fahren. „Wo ist die Aufgabe, die mich noch ein- mal mit all meinen Fähigkeiten herausfordert? Was wird der neue Sinn in meinem Leben sein?" sind seine zentralen Fragen, die in unserem Gespräch immer wie- der fallen.

Nach wie vor stehe er regelmäßig um sieben Uhr auf, hole mit dem Hund die Brötchen, frühstücke mit seiner Frau, arbeite dann an seinem Schreibtisch („versuche ins Büro zu gehen"), wo er auch am Nachmittag sei, wenn er nicht in seinem Garten arbeite oder etwas mit seiner Frau unternehme. In der Partnerschaft sei manches neu zu gestalten, Absprachen seien notwendig und gegenseitige Freiräume seien zu gewähren. „Ich musste erst lernen, dass zu Hause sein nicht bedeutet, immer zusammen zu sein." Nach seiner starken beruflichen Inanspruchnahme, wo er eher der „Hausangestellte" gewesen sei, habe er jetzt „Mitspracherecht" in einem Haus, das jedoch eigentlich das Haus seiner Frau sei.

Auch wenn er kerngesund sei, gehe er inzwischen mit seiner Gesundheit bewusster um. Der Hund, der erstmals sein Hund sei und mit dem er täglich zwei Stunden laufe, sei seine „Gesundheitskasse". Außerdem spiele er mit seiner Frau Golf, nutze gerne die Sauna im Garten oder wandere mit Freunden. Sein Hobby sei die Vogelbeobachtung, die er auch bei seinen Fernreisen betreibe.

Nachdem er mit fast nichts angefangen habe, gehe es ihm „vom Finanziellen her stinkegut". Seine beiden Kinder mit den Enkelkindern und seine Eltern sind mit eigenen Häusern versorgt, ein Sommer- und ein Winterferienhaus stehen im benachbarten Ausland. Das Materielle sei für ihn „so ein Zeichen, dass ich in meinem Leben etwas geschaffen habe".

„Ich bin ein Familienmensch", sagt Herr A. von sich, und dass er gerne und viel Zeit mit seinen beiden Kindern und den drei Enkeln verbringe. Aber sein sonstiges soziales Netz sei sein „sicherlich überhaupt größtes Problem". Er habe keine Kontakte am Ort, das Wohnviertel sei eine „sozial tote Gegend", wo er niemanden kenne. Sie hätten zwar ein paar befreundete Ehepaare, mit denen sie sich im Urlaub träfen, aber einen Freund – „jemand, zu dem ich mit Eheproblemen gehen würde" – habe er nicht. Dies läge aber auch an ihm selbst, weil er keinen ganz nah an sich heran lasse.

Wenn er in die Zukunft schaue, dann hoffe er, dass ihm etwas wirklich Sinnhaftes über den Weg laufe. Er wolle nicht zu diesem „Tingelverein" von alt gewordenen Vortragsrednern gehören, die immer und überall das Gleiche erzählen würden. Sein Italienisch wolle er verbessern, China würde ihn sehr interessieren, dieses Land wolle er verstehen, „dort geht die Post ab". Wenn er pflegebedürftig würde, wolle er in ein Seniorenstift mit einer Zwei- bis Dreizimmerwohnung; er wolle sich nicht seinen Kindern zumuten. Mit 80 ende sein gedankliches Alter, seine größte Angst sei, ein schlimmer Pflegefall zu werden und anderen zur Last zu fallen. Eine Patientenverfügung sei ausgefüllt, ein Testament gemacht.

Auf was er sich noch freue? „Das Wichtigste und das Schönste habe ich wahrscheinlich schon erlebt." Die Urenkel würde er gerne noch erleben, das sei für ihn das Weiterleben. Seine Lebenssätze sind: „Ich will jeden Morgen mein Gesicht im Spiegel wiedererkennen." „Man muss Vertrauen in die Menschen haben." Schließlich sein Rat für die Jüngeren: „Genieß dein Leben jetzt, aber sorge dabei für ein Fundament, auf das du weiter aufbauen kannst."

Die Säule der Arbeit und Betätigung steht für die meisten Männer – nicht nur für Privilegierte wie Herrn A. – an erster Stelle ihrer Identität. Jeder Mensch braucht jenseits von Berufsarbeit irgendeine Form von sinnstiftender Tätigkeit. Nicht umsonst ist die Frage „Und was machen Sie so?" im Kontakt mit anderen eine der ersten, mit der wir uns ein Bild von unserem Gegenüber machen. Unser Selbstwert, unsere gesellschaftliche Position, unsere Anerkennung hängen maßgeblich von der Qualität unserer Betätigung ab. Ob berufliche Arbeit, Haushaltstätigkeit, Freizeitbeschäftigung oder Ehrenamt – Aufgaben strukturieren unseren Alltag, verschaffen uns soziale Teilhabe, stiften Sinn.

Deswegen ist die Arbeit wohl der klarste Altersmarker, das eindeutigste Indiz dafür, alt zu sein. Nicht die grauen Haare, nicht die Lebensjahre machen uns alt, sondern unser Status im Erwerbsleben. Noch dazu zu gehören oder eben nicht mehr, ist für uns Männer die entscheidende Alter(n)sfrage. Da werden bei der Fußballweltmeisterschaft „alte Männer" bewundert, die als über Dreißigjährige noch mithalten können; in der EDV-Branche zählen 35-jährige bereits zu den Alten; die offiziellen Arbeitsstatistiken sprechen schon in Bezug auf 42-Jährige von alten Arbeitnehmern; mit 50 sind wir auf dem Arbeitsmarkt faktisch nicht mehr vermittelbar. Wir sehen alt aus, sind ausgemustert, zählen zum „alten Eisen". In Österreich hatte das Wort „ableben" deswegen früher auch die Bedeutung „Ausscheiden aus dem Berufsleben".

Spätestens am 50. Geburtstag beginnt der Countdown, das Rückwärtszählen. Das berufliche Spektrum wird sich nicht weiter öffnen, die Optionen werden nicht mehr beliebig zunehmen, das Berufsleben wird endlich. Was wir jetzt nicht erreicht haben, wird kaum noch kommen. Wenn wir uns im Betrieb umschauen, stehen neben uns eine Menge junger Leute, denen die Zukunft gehört. Wir selbst gehören zu den Alten, auch wenn es noch 17 oder gar mehr Jahre sein sollten, die wir bis zum offiziellen Rentenalter arbeiten dürfen oder müssen. In keinem anderen Bereich ist das negative Altersstereotyp so ausgeprägt wie im Arbeitsleben. Das Alter beginnt dort rund 20 Jahre vor dem eigentlich geplanten Ausscheiden.

„Alte Leute sind junge Menschen
die zufällig vor uns älter werden"[1]

Wann beginnt überhaupt das Alter? Unsere Eltern und Großeltern hätten darauf noch eine spontane und eindeutige Antwort gewusst: Natürlich mit 65, wenn man in Rente geht. Diese Altersdefinition ist allerdings eine vergleichsweise junge. Bis zur Einführung der allgemeinen Rentenversicherung 1889 unter Bismarck begann das Alter erst dann, wenn man so gebrechlich war, dass man nicht mehr für sich selbst sorgen konnte. Denn ursprünglich sollte die Rentenversicherung lediglich ein Zubrot jenseits des siebzigsten Lebensjahres und eine Absicherung bei totaler Arbeitsunfähigkeit gewähren. Das waren dann die „bösen Tage" des Predigers Salomo, von denen man sagte „sie gefallen mir nicht", also in aller Regel ein kurzer Abschnitt am Lebensende. Wenn in manchen Fürbittgebeten noch immer in einem Atemzug der „Armen, Alten und Kranken" gedacht wird, rührt dies noch aus jener Epoche her, wo Alter gleichbedeutend mit Krankheit und fehlender materieller Absicherung war.

Erst wurde 1957 unter Adenauer die dynamisierte Rentenversicherung eingeführt, die auf eine Gewährleistung des bisherigen Lebensstandards abzielte. Seit 50 Jahren erst gibt es ein weitgehend von Pflichten befreites, materiell überwiegend gut gesichertes und gesundheitlich meist zufrieden stellendes „Drittes Alter", dem dann oft erst jenseits des achtzigsten Geburtstages das „Vierte Alter" mit größeren gesundheitlichen Einbußen und Hilfebedarf folgt. Aber dies alles ist bereits wieder Geschichte. Der Fünfundsechziger-Marker ist verschwunden. Während 1970 mehr als zwei Drittel aller Männer mit 60 noch im Beruf waren, sind heute zwei Drittel in diesem Alter bereits aus dem Erwerbsleben ausgeschieden.

Das eine Drittel der Beschäftigten scheidet aus dem Beruf aus, weil es den Belastungen physisch oder psychisch nicht mehr standhält; das andere Drittel, zu dem Herr A. gehört, darf nicht mehr, weil vor allem die großen Konzerne ihre Belegschaften über Steuer- und Versicherungsmittel abbauen. Es wird dann von „Freisetzungen" gesprochen, gerade so, als ob die geknechteten Arbeitnehmer nun aus dem Gefängnis des Arbeitslebens in die späte Freiheit entlassen würden. Verschleiert wird durch diesen Euphemismus, dass diese Frühverrentungen in aller Regel Zwangsbeglückungen sind. Die staatliche Rentenaltersdiskussion ist schon lange nur noch eine zynische, von den realen Verhältnissen vollkommen abgekoppelte Haushaltssanierungspolitik, durch die immer größere Rentenlöcher zu Lasten der Rentenbezieher gestopft werden.

Alter ist meist nur eine Ausrede[2]

Rund die Hälfte aller deutschen Betriebe beschäftigt keine über Fünfzigjährigen mehr. Die Älteren gelten als unproduktiv. Dabei gibt es überhaupt keinen Beleg für eine *nachlassende*, sondern nur für eine *veränderte* Produktivität älterer Arbeitnehmer:

Leistungspotenziale von älteren Arbeitnehmern[3]

Vergleich des Arbeitsvermögens älterer und jüngerer Arbeitnehmer

Zunehmende Leistungspotenziale Älterer	*Gleichbleibende* Leistungspotenziale Älterer	*Abnehmende* Leistungspotenziale Älterer
• Lebens- und Berufserfahrung • Betriebsspezifisches Wissen • Urteilsfähigkeit • Zuverlässigkeit • Beständigkeit, Ausgeglichenheit • Kooperations- und Konsensfähigkeit • Konfliktfähigkeit • Qualitätsbewusstsein	• Arbeitseinstellung • Entscheidungsfähigkeit • Kreativität • Ausdauer, Durchhaltevermögen • Systemisches Denken • Leistungs- und Zielorientierung	• Körperliche Leistungsfähigkeit • Merkfähigkeit, Kurzzeitgedächtnis • Geschwindigkeit der Informationsaufnahme und -verarbeitung • Geistige Beweglichkeit • Lern- und Weiterbildungsbereitschaft • Risiokobereitschaft • Karriereorientierung

Problematisch ist nicht die Veränderung des Leistungspotenzials an sich, denn diese war und ist ein kontinuierlicher, berufslebenslanger Prozess, der alt und jung einschließt; problematisch ist jedoch eine Bewertung, die willkürlich ab einem bestimmten Lebensalter das weiterentwickelte Arbeitsvermögen diffamiert und als gesellschaftliche Manövriermasse abwertet. Diese Verschrottung der Alten im Betrieb ist im Übrigen eine permanente Kränkung einer ganzen Generation und führt zu einer Vergiftung des Betriebsklimas – die Jungen fangen an sich abzuschotten. Erst allmählich setzt sich – auch aus Angst vor dem demografisch bedingten drohenden Rückgang des Nachwuchses – die Erkenntnis durch, dass im Zeitalter des Diversity-Managements auf die Älteren, auf ihre spezifischen Sichtweisen und Kompetenzen nicht verzichtet werden kann. Nicht zuletzt auch deswegen, weil es in einer ergrauenden Gesellschaft immer dysfunktionaler wird, wenn nur noch die Jungen die Welt der Alten gestalten und mit ihren Dienstleistungen an deren Bedürfnissen vorbeigehen.

Ob die Altersgrenze frühverrentet oder planmäßig erreicht wurde – die Mehrheit der Erwerbstätigen erlebt den Übergang in den Ruhestand eher als entlastend und befreiend. Der viel zitierte „Pensionierungsschock", wonach die Männer kurz nach ihrer Verrentung angeblich massenhaft tot umfallen, ist ein Mythos – einen signifikanten empirischen Beleg für dieses Phänomen gibt es nicht.

Gründe für den Wunsch nach Berufsaufgabe sind bei vielen Männern unter anderem

- ein angeschlagener Gesundheitszustand, verbrauchte Kräfte, berufliche Verschleißerscheinungen,
- Unzufriedenheit mit den weiteren Entwicklungs- und Aufstiegsmöglichkeiten,
- steigende Leistungsanforderungen, etwa durch neue Technologien,
- drohender Verlust an Qualifizierung,
- Auseinandersetzungen mit jüngeren Vorgesetzten und einem sich verändernden Arbeitsethos,
- Angst vor Arbeitsplatzverlust,
- ein gesellschaftliches und betriebliches Klima der zunehmenden Abwertung älterer Arbeitnehmer,
- ein Nachholbedarf an Reisen, Pflege von Hobbys, familiären Aktivitäten.

Morgens fischen, nachmittags jagen ...

Mitte, Ende 50, bei guten körperlichen Kräften, ohne größere gesundheitliche Einschränkungen und bei befriedigender materieller Absicherung, steht dem Mann die Welt offen. Auch wenn die Situation von Herrn A. in ihrer Privilegiertheit eher die Ausnahme ist, können die meisten doch manch lange aufgeschobene Wünsche und Träume verwirklichen. Die Kriegs- und Aufbaugeneration, die oft auf vieles verzichten musste, kann Versäumtes nachholen. Hobbys können gepflegt und neu entdeckt werden. Herr A. kann nach einem Managerleben seinem vernachlässigten Hobby, der Vogelbeobachtung, endlich mit der hierfür nötigen inneren und äußeren Ruhe nachgehen. Unbefriedigte Bildungswünsche können in vielfältigen Formen erfüllt werden. Was man als Vater den eigenen Kindern schuldig geblieben sein mag, kann man als Großvater bei seinen Enkeln in gewisser Weise wieder gut machen. Schließlich hat der Mann in seinen besten oder zweitbesten Jahren noch einmal die in diesem Umfang und dieser Absicherung keiner früheren Generation gegebene Chance, ein neues Geschäft zu beginnen, wie Goethe dies empfiehlt: „Älterwerden heißt ein neues Geschäft antreten: Alle Verhältnisse ändern sich. Und man muss entweder zu handeln ganz aufhören, oder mit Willen und Bewusstsein das neue Rollenfach übernehmen." Dazu später mehr.

Die „Späte Freiheit" ist ein gerade erst aufgetauchter Kontinent, der von jedem Einzelnen aufs Neue entdeckt werden will. Vielleicht ist es jenes von Karl Marx beschriebene Land ohne Entfremdung, wo es endlich möglich ist,

„heute dies, morgen jenes zu tun, morgens zu jagen, nachmittags zu fischen, abends Viehzucht zu treiben, nach dem Essen zu kritisieren, wie ich gerade Lust habe, ohne je Jäger, Fischer, Hirt oder Kritiker zu werden"? Zur Entdeckung dieses wunderbaren neuen Landes, von dem unsere Vorväter noch nichts ahnten, mit seinen unglaublichen Möglichkeiten, braucht es im Reisegepäck vor allem Neugierde und Unternehmungslust. Vielleicht auch einen Reiseführer, aber ja keinen aus der Reihe „Richtig reisen".* Denn wer von uns Jüngeren will denn wissen, wie man dort reist und gar noch richtig? Meine alte Mutter hat in gewisser Weise schon Recht, wenn sie bestreitet, dass ich angesichts meiner großen Jugend überhaupt etwas übers Alter wissen könne. Oder, wie der Sozialpsychiater Klaus Dörner sagt: „Vor dem Übertritt in eine neue Lebensphase können wir nicht wissen, wie es sein wird – wir werden ein anderer sein."

Chance oder Gefahr?

So sehen die meisten Männer ihrem Ruhestand hoffnungsvoll entgegen. Untersuchungen belegen jedoch, dass diese

---

* Viel Reiselust wecken kann das lebendige Buch von Bremens Altbürgermeister Henning Scherf: Grau ist bunt, Freiburg 2006

Hoffnungen häufig nicht erfüllt werden. Denn je problematischer das Berufsleben erlebt, je dringlicher der Ruhestand herbeigesehnt wird, desto größer ist die Gefahr, dass das Rentnerleben idealisiert wird und dann in seiner Realität zu einer Enttäuschung führt. Für einen Großteil ist der Übergang in den Ruhestand kein langfristig und zuverlässig geplantes Ereignis, sondern übergangslos, abrupt und liegt auf Grund von Erwerbsunfähigkeit, betrieblichen Vorruhestandsregelungen oder Arbeitslosigkeit deutlich vor dem ursprünglich geplanten Ausscheiden.

Der Einritt in den Ruhestand erfordert große Anpassungsleistungen und eine umfassende Neuorientierung, wie sie vielen Männern kaum je zuvor im Leben abverlangt wurde:

- In einer so stark erwerbszentrierten Gesellschaft wie der unseren gehen der öffentliche Status und die Anerkennung verloren.
- Beruflich gestiftete Sozialkontakte fallen weg, was viele Männer häufig hart trifft, da sie Kollegen mit Freunden verwechselten und nun plötzlich alleine dastehen. Mit dem Beginn des Alters werden die Männer „aus der (aktiven) Männergesellschaft entlassen"[4].
- Wie im betrieblichen Makrokosmos, so verblassen auch im familiären Mikrokosmos Status und Selbstwert.

Ohne die Rolle des Ernährers findet sich der Mann in einem eigentümlich rollenlosen Zustand wieder, der ihm keinerlei Orientierung dazu vermittelt, wie er sich nun zu verhalten hat.

- Die Beziehung zur Partnerin, Distanz und Nähe, die häusliche Arbeitsteilung müssen neu definiert und gelebt werden; welche Belastungen „Papa ante Portas" für das Beziehungssystem bedeuten kann, wird später noch beschrieben.

- Die nur scheinbar über den Status „Rentner" definierte, jedoch tatsächliche Rollenlosigkeit bedeutet für viele Männer zum ersten Mal im Leben, ihr „neues Rollenfach" selbst finden, gestalten und definieren zu müssen.

- Neue Aufgaben, lohnende Betätigungen, neuer Sinn müssen entdeckt werden. Die vielen, unter dem Vorsatz „Wenn ich erst mal im Ruhestand bin…", aufgeschobenen Aufgaben sind bald erledigt, die ungelesenen Bücher sind veraltet und nur selten wird ein neues Geschäft begonnen, das nicht schon vor dem Ruhestand ausgeübt worden war. Die meisten Aktivitäten im Alter, so die Ergebnisse der Ruhestandsforschung, sind spätestens im dritten Lebensjahrzehnt begonnen worden.

- Die lebenslange Tagesstrukturierung ist nicht mehr von außen vorgegeben und muss neu gefunden werden. Das ersehnte „endlich Ausschlafen" kann schnell vom Traum zum Alptraum werden.

- Die finanziellen Mittel werden spürbar geringer und engen die Spielräume ein; die inzwischen immer mehr zur Regel werdende Entkoppelung von Berufsaustritt und Rentenbeginn wird dies weiter verschärfen.

Das Ende der Berufstätigkeit erfüllt mit seinen Chancen und Risiken alle Merkmale einer Krise (das chinesische Wort für Krisen, „wei-ji", enthält die beiden Begriffe „Gefahr" und „Chance"). Krisen sind kritische Lebensereignisse, die

- das seelische Gleichgewicht gefährden,
- die Identität und Sicherheit bedrohen,
- mit den erlernten Bewältigungsmechanismen nicht zu meistern sind
- und eine Neuanpassung erfordern.

Und ein Lebensereignis ist umso kritischer,

- je geringer der eigene Einfluss auf sein Eintreten ist,
- je weniger es vorhersehbar ist,
- je weiter es außerhalb des normalen, erwarteten Zeittaktes liegt,
- je mehr es die eigene Identität in Frage stellt, das heißt auf unser Identitätsmodell bezogen: je mehr es eine der Säulen beschädigt und je mehr Säulen insgesamt von diesem Ereignis betroffen sind.

Vor allem der abrupte, ungeplante, durch Arbeitslosigkeit oder Frühverrentungsstrategien erzwungene Übergang in die nachberufliche Lebensphase führt viele Männer in die Krise. Eine Krise, die allerdings oft in ihren Ursachen gar nicht wahrgenommen wird, die verdrängt wird, und damit zu diffusen Schmerzen und zu depressiv verkleidetem Leiden führen kann. Viele körperliche Symptome, psychische Verstörungen oder Beziehungsprobleme in dieser Übergangsphase lassen sich als eine versteckte Form der Bewältigung deuten. Denn wir Männer haben unser Leben lang eher geübt, Krisen zu verleugnen, sie mit Aktionismus zu überspielen, medikamentös wegzuspritzen oder sie am besten gar nicht erst als solche wahrzunehmen.

Langeweile oder Aktionismus?

Der Mann, der aus der Berufswelt entlassen ist, verliert seine zentrale Säule der Identität. Denn die alles bestimmende Rolle, die Berufsidentität, wird nun zur „vergangenen Identität"[5], von der nur noch im Nachhinein gezehrt werden kann. Der zeitlebens eher nach außen orientierte Mann muss ab sofort mit sich selbst zurechtkommen. „Er bräuchte nun sein Inneres und erschrickt, wenn es sich als hohle und leere Männerhülse präsentiert."[6]

Ob sehnsüchtig erwartet oder plötzlich damit konfrontiert – viele stolpern unvorbereitet in den Ruhestand wie in einen ungeplanten, langen Urlaub, genießen die ersten Tage und Wochen des süßen Nichtstuns – und dann? Wie dort beim schweißtreibenden Schaufeln für den Sandburgenbauwettbewerb wird auch hier oft nach dem alten Muster einfach weitergemacht: die Leere füllen, sich Notwendigkeiten einreden, die eigene Bedeutung inszenieren, den Terminkalender füllen, stolz auf seinen Unruhestand sein, Aktionismus um jeden Preis betreiben und aufkommende Zweifel am Sinn dieses Strampelns im Hamsterrad wiederum durch neue Aktivitäten zudecken. Und irgendwann dann in jenem von Herrn A. so bezeichneten „Tin-

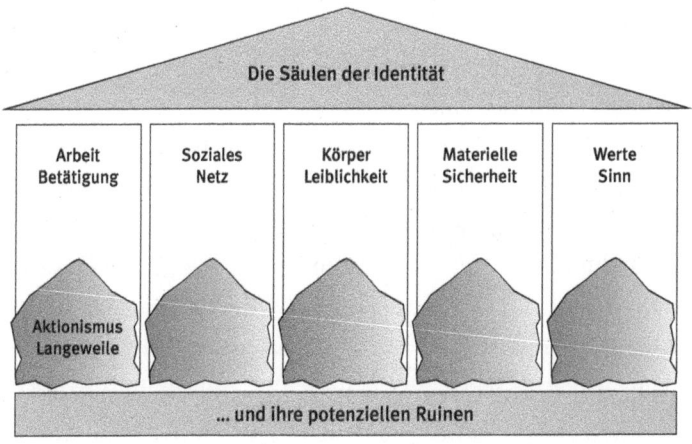

Die Säulen der Identität

| Arbeit Betätigung | Soziales Netz | Körper Leiblichkeit | Materielle Sicherheit | Werte Sinn |

Aktionismus Langeweile

... und ihre potenziellen Ruinen

gelverein" alt gewordener Redner zu enden, die nicht merken, dass ihnen schon längst keiner mehr zuhört. Rechtzeitig aufzuhören ist gerade bei einstmals im Rampenlicht Stehenden *das* Altmännerthema.

Mit der Flucht in den Aktionismus wird versucht, diese Identitätssäule und den Selbstwert zu stützen. Wie andere Suchtmittel auch, verspricht die Arbeitssucht zunächst eine umfassende Bedürfnisbefriedigung: soziale Einbindung, gesellschaftlichen Status, Sinnerfüllung. Spätestens mit Ende des Berufslebens, meist jedoch schon früher zeigt sich jedoch, dass dies keine wirklichen Werte, sondern lediglich Ersatzbefriedigungen waren, die zu Lasten der anderen Identitätssäulen gingen. Nun kann der Aktionismus die Angst vor seiner Kehrseite, der Langeweile und Sinnlosigkeit, nicht mehr zudecken. Ohne seinen Vorgesetzten, ohne seinen Projektplan, ohne seinen Termindruck muss Mann mit sich alleine und mit seiner Zeit zurechtkommen. Ein Berufsleben lang war er mehr oder weniger außengesteuert, wurde gelebt, jetzt ist er auf sich zurückgeworfen. Vor sich eine unendlich, manchmal tödliche lange Weile, die zwanzig, dreißig oder gar vierzig Jahre währen kann, wo man auf sich selbst und die Ruinen seiner Identität zurückgeworfen ist. Langeweile ist übrigens ein nach meiner Wahrnehmung noch viel zu wenig untersuchtes Phänomen im Alter wie im Leben überhaupt (meiner Privattheorie gemäß gehen rund 50 Prozent aller zwischenmenschlichen Probleme in Betrieben und Familien auf das Konto von Langeweile).

Spätestens mit 55 sollte man sich entscheiden, ob man seine Jugend oder sein Alter verlängern will.[7]

Will der Mann nicht in diese beiden falschen Alternativen flüchten, wo er bald vor den Ruinen seiner Identität stehen wird, sollte er sich rechtzeitig den Herausforderungen des Übergangs vom Beruf ins nachberufliche Leben stellen. Das Ende des Berufslebens stellt die erste große Alternszäsur dar, wo ein Rückblick aufs (Berufs-)Leben, eine Bilanzierung des bisherigen oder gar *des* Lebens ansteht:

- Was waren meine Ideale, meine Träume?
- Was habe ich erreicht?
- Welche Spuren hinterlasse ich?
- Habe ich überhaupt das Richtige getan? Habe ich es richtig getan?
- Haben sich der Einsatz und der Preis gelohnt?

Wo diese notwendige Bilanzierung bewusst vorgenommen wird, kann sie schmerzlich sein und einen Abschied und Trauerprozess nach sich ziehen. Das Ende des Berufslebens bringt immer eine Konfrontation mit dem eigenen Altern, eine Auseinandersetzung mit Selbst- und Fremdbildern und mit Ängsten. Was kommt noch, wenn doch das (Arbeits-)Leben zu Ende ist? Was sind meine Ressourcen, um meine Zukunft, um etwas Neues und Sinnvolles zu gestalten?

Studien belegen, dass Männer mit Patchworkbiografien, also mit Verwerfungen, Brüchen und Rollenwechseln – wie sie für die meisten Frauen normal sind –, den Austritt aus dem Erwerbsleben meist besser bewältigen. Der stromlinienförmige, karriereorientierte und erfolgreiche Berufsweg bereitet schlecht auf den großen biografischen Bruch vor. Betty Friedan merkt dazu an: „Während sich Frauen nicht selten dreimal im Leben aus einem Tätigkeitsbereich zurückziehen, ist es für den Mann etwas ganz anderes, in relativ fortgeschrittenem Alter und bei nachlassender physischer Verfassung den einzigen, endgültigen Abschied von seiner zentralen Lebensrolle als Geldverdiener und Haupternährer der Familie zu vollziehen.[8]" So könnte die zunehmende Erosion der Normalarbeitsbiografie, mit der immer mehr Männer konfrontiert sind, zumindest diesbezüglich auch ihre guten Seiten haben.

Deswegen sollten wir uns, egal wie alt wir sind, aber spätestens mit fünfzig, damit beschäftigen, wie unser zweites Leben aussehen soll. Wir müssen, da wir wie für fast alle neuen Altersfragen keine persönlichen und gesellschaftlichen Vorbilder haben, unser Alter selbst erfinden, es gedanklich vorwegnehmen, gestalten. Unsere Vorfahren kannten dieses Problem nicht. Während Ruhestand früher gleichbedeutend war mit „noch ein paar Jahre ausschnaufen", um dann bald abzutreten, kann man heute eine so lange Zeitspanne, in der man noch bei besten körperlichen und geistigen Kräften ist, nicht einfach aussitzen. In manchen Städten und Großbetrieben kann man in Ruhestand-Vorbereitungskursen bei der Bearbeitung dieser Fragen Unterstützung finden. Diese Kurse finden allerdings nur einen verhaltenen Zuspruch – Mann mag sich mit diesen Themen lieber nicht beschäftigen. Was in etwa der Haltung entspräche, wenn unsere zwanzigjährigen Söhne und Töchter die anstehenden Ausbildungs- und Perspektivfragen mit dem Hinweis vom Tisch fegen würden, dass sie die paar Jahre bis 50 schon irgendwie rumkriegen würden.

Die Balance von Aktivität und Rückzug

Die Identitätssäule der Betätigung kann nur erhalten und stabilisiert werden, wenn die beiden Schwestertugenden „Aktivität" und „Entspannung" in der richtigen Balance gehalten sind. Wird nur einer von beiden Polen gelebt, wird die Tugend zur Untugend. Die Aktivität verkommt zum puren Aktionismus, die Entspannung erstirbt in der unendlichen Langeweile. Das Tun braucht das Lassen, die Aktivität muss mit dem Rückzug gepaart sein. Wir müssen im Alter hierfür ein neues Gleichgewicht finden, beidem seinen Raum geben, damit experimentieren und immer wieder innehalten und unsere Erfahrungen reflektieren.

Wahrscheinlich ist es zu spät, erst mit 60 mit dieser Balance anzufangen. Die sogenannte „Kontinuitätstheorie" – ein gerontologisches Konzept – geht davon aus, dass wir so altern, wie wir immer schon gelebt haben. So sollten wir uns spätestens mit 50 fragen, ob es nicht an der Zeit wäre, das (be)herrschende Lebenszeitregime um 90 Grad zu drehen; die aufeinander abfolgende Dreiteilung des Lebenslaufes von Ausbildung, Arbeitsleben, Ruhestand zeitlich zu parallelisieren: Ruhestandsvorbereitung ganz praktisch einzuüben durch weniger Fixierung auf die Arbeit und dafür mehr Zeit für Bildung, Sozialzeit und Muße. „Der privilegierte Professor hat gut reden!", höre ich Sie einwenden, „der kennt die Tretmühlen und Zwänge des richtigen Lebens nicht!" Auch wenn die Spielräume unterschiedlich sein mögen, halte ich dies für eine Schutzbehauptung. Die meisten Männer hätten mehr Spielräume, wenn sie nur wirklich wollten.

Die beiden Pole Aktivität und Entspannung im Alter werden oft mit einem *oder* anstatt mit einem *und* verbunden. Dahinter stehen zwei Konzepte, die für die deutsche Altenhilfe prägend waren und auch heute noch unsere Haltung gegenüber dem Alter und den Alten beeinflussen: In den fünfziger und sechziger Jahren ging man davon aus, dass die alten Leute nach einem arbeitsreichen Leben nur noch das Eine wollen: sich ausruhen, sich aus dem Trubel des Alltags zurückziehen, das Leben bilanzieren, um dann müde und lebenssatt alsbald zu sterben. Es war die Zeit, als die Alten- und Pflegeheime folgerichtig auf die grüne Wiese am Stadtrand gebaut wurden, der Balkon mit Blick ins Grüne und mit geregelten Besuchszeiten am Sonntagnachmittag. Dieses Konzept prägt auch heute noch das Milieu mancher Altennachmittage, wo die dankbaren Altchen rundum versorgt werden (wollen), oder die Atmosphäre vieler Heime, wo die letzten Handlungsimpulse der Bewohner mit den Worten befriedet werden: „Sie brauchen hier doch nichts zu tun, dafür sind doch wir da!"

Die derzeit in der Arbeit mit alten Menschen vorherrschende „Aktivitätstheorie" betont den der Entspannung und dem Rückzug entgegengesetzten Pol. „Wer rastet, rostet" ist der alte neue Slogan, der gegen körperlichen, seelischen und geistigen Abbau und Zerfall propagiert wird. Zweifellos kann das Wohlbefinden durch Aktivität erhalten und sogar gesteigert werden, können körperliche Altersprozesse verlangsamt werden. Und die neuesten Erkenntnisse der Gehirnforschung belegen, dass unsere Gehirne keineswegs einem lebenslangen Zellabbau unterliegen, sondern dass durch entsprechende körperliche und geistige Aktivitäten bis ins hohe Alter neue Zellen entstehen können. Schaut man jedoch einmal in die Ratgeberecke einer Buchhandlung mit all ihren wohlfeilen Rezeptbüchern zum aktiven, erfolgreichen und glücklichen Altern, dann drängt sich einem der Eindruck auf, dass auch die Aktivitätsorientierung zum unmenschlichen Diktat verkommen kann. Aktivität (im Alter) ist wichtig und gut, wo sie jedoch verabsolutiert wird, verkommt sie wie jeder Wert zum Unwert.

Zum Abschluss dieses Kapitels möchte ich Ihnen eine meiner Lieblingsgeschichten, einen Auszug aus den Erinnerungen des großen spanischen Cellisten und Dirigenten Pablo Casals gönnen, in dem er schildert, wie er mit seinen 93 Lebensjahren und seinem Altern umgeht:

Unlängst überbrachte mir mein Freund Sascha Schneider einen Brief, den eine Gruppe sowjetischer Musiker aus dem Kaukasus an mich gerichtet habe. Er lautete:

Lieber, hochverehrter Maestro,
ich habe die Freude, Sie im Auftrage des Georgisch-Kaukasischen Orchesters einzuladen, eines unserer Konzerte zu dirigieren. Sie werden der erste Musiker Ihres Alters sein, dem die Auszeichnung zuteil wird, unser Orchester zu leiten. Niemals in der Geschichte dieses Orchesters haben wir es einem Manne gestattet, uns zu dirigieren, der weniger als hundert Jahre alt war – alle Orchestermitglieder sind über Hundert! –, aber wir haben von Ihrem Dirigiertalent gehört und meinen, in Ihrem Falle, unbeschadet Ihrer Jugend, eine Ausnahme machen zu sollen. Wir erwarten umgehend Ihre Zusage. Fahrtkosten werden ersetzt. Auch für die Kosten ihres Aufenthaltes werden wir aufkommen.
Hochachtungsvoll
Astan Schlarba Präsident, 123 Jahre alt

Sascha ist ein Spaßvogel und liebt es, einem Streiche zu spielen. Dieser Brief war ein solcher Streich, Sascha hatte ihn natürlich selber geschrieben. Aber ich gebe zu: Zuerst hatte ich ihn für bare Münze genommen. Und wa-

rum? Nun, so unglaublich schien es mir gar nicht, dass es ein Orchester geben sollte, dessen Mitglieder alle über hundert Jahre alt sind. Und in der Tat hatte ich damit sogar Recht. Im Kaukasus gibt es wirklich solch ein Orchester. [...]

Aus Späßen lässt sich oft etwas lernen. In diesem Fall habe ich etwas gelernt. Trotz ihres Alters haben diese Musiker nichts von ihrer Lebensfreude eingebüßt. Wie erklärt sich das? Ich glaube nicht, dass man sich bei der Antwort einfach auf ihre körperliche Konstitution berufen darf oder auf das einzigartig günstige Klima, in dem sie leben. Es liegt vielmehr daran, wie sich diese Männer zum Leben überhaupt stellen; ihre Arbeitsfähigkeit beruht, glaube ich, in hohem Maße auf der Tatsache, dass sie überhaupt noch arbeiten. Arbeit erhält jung.

Ich jedenfalls denke nicht im Traume daran, mich zur Ruhe zu setzen, jetzt nicht und später nicht! Ruhestand – welch befremdliche Vorstellung! Schon der Gedanke daran ist mir unfassbar. Ich glaube nicht, dass irgendjemand, der meine Art Arbeit leistet, sich zur Ruhe setzen kann, solange noch ein Hauch Leben in ihm ist. Meine Arbeit ist mein Leben, ich kann eines vom andern nicht trennen. Sich zur Ruhe setzen, heißt für mich soviel wie sich zum Sterben anschicken. Ein Mann, der arbeitet und sich nicht langweilt, ist auch nicht alt. Nie im Leben! Arbeit und das Interesse für Dinge, die Interesse verdienen, sind die besten Heilmittel gegen Alter.[9]

II. Einsam oder gemeinsam?

> Wie alt man geworden ist,
> sieht man an den Gesichtern derer,
> die man jung gekannt hat.
>
> *Heinrich Böll*

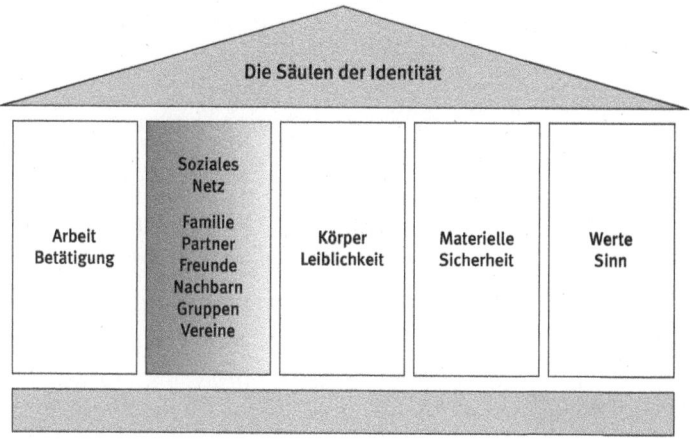

Die Säulen der Identität

| Arbeit Betätigung | Soziales Netz – Familie Partner Freunde Nachbarn Gruppen Vereine | Körper Leiblichkeit | Materielle Sicherheit | Werte Sinn |

Herr B. lebt in einem geschmackvoll eingerichteten Reiheneckhaus in einer guten Wohnlage. Der 70-Jährige empfängt mich an einem warmen Frühlingstag in kurzen Hosen in seinem liebevoll gepflegten Garten, er hat eine fröhliche positive Ausstrahlung und sächselt ein bisschen.

1936 in Sachsen geboren, bekam er nach dem Abitur aufgrund nicht ausreichender „gesellschaftlicher Beurteilung" keinen Studienplatz und ging nach Berlin, wo er Physik studierte. Danach war er in der Entwicklung von Halbleitertechnik tätig und zog mit seiner Firma nach Süddeutschland um. Die Entscheidung, mit 58 Jahren im Rahmen einer allgemeinen Vorruhestandsregelung aus dem Berufsleben auszuscheiden, ist ihm schwer gefallen. Er hat sie aber später nie bereut.

Er hat sich von seiner Frau getrennt, ist Vater zweier Töchter in den Dreißigern und dreifacher Großvater. Zusammen mit seiner um etliche Jahre jüngeren Lebensgefährtin lebt er im gemeinsam gekauften Haus. Aus Angst vor der Leere des Ruhestands arbeitete Herr B. zwei Tage pro Woche in dem Betrieb mit, wo auch seine Lebensgefährtin tätig war. Dann widmete er sich der Renovierung des eigenen Hauses und investierte viel Mühe in die Verschönerung des Gartens. Eines Tages nahm er Kontakt zu einer städtischen Senioreninitiative auf und schlug vor, regelmäßige Treffen zum Zeichnen nach der Natur, seinem Hobby, anzubieten, die dann auch einige Jahre stattgefunden haben. Vor allem auch um der sozialen Kontakte willen habe er einige Jahre lang für diese Organisation auch Sekretariatsarbeiten erledigt.

Seit zehn Jahren organisiert Herr B. alle 14 Tage ein Altencafé mit, wo er der einzige Mann ist. Nach einem „blitzartigen Entschluss" unterstützt er außerdem an zwei Vormittagen in einer Deutschklasse für „neu importierte Ausländerschüler" die Lehrerin, was lange Zeit ein reines Ehrenamt war und nun geringfügig honoriert wird. Er ist stolz, mit den 12- bis 17-jährigen „großen Kerlen" zurechtzukommen, ihnen etwas sagen zu können und sie gelegentlich auch erfolgreich in ihre Schranken zu verweisen. Als Hobby pflegt er das Malen, eine Begabung, die er mit seiner Lebensgefährtin teilt. Außerdem singt er im Kirchenchor und hütet gelegentlich Kinder in der Nachbarschaft.

All diese Aufgaben gäben ihm das „angenehme Gefühl, „etwas Nützliches zu tun", erklärt er mir. Er habe neue Fähigkeiten entdeckt. Während er als Physiker früher eher sach- und aufgabenorientiert gewesen sei, würden ihn heute die Menschen mehr interessieren als die Technik. „Das tut mir gut!" Ein Wendepunkt für diese Neuorientierung sei möglicherweise seine Scheidung gewesen, durch die er in eine Krise geraten sei und wo er über eine Psychotherapie gelernt habe, sich selbst und seine Wünsche wichtiger zu nehmen. Er fühle sich nicht wirklich alt, wenn allerdings in seinem Gospelchor dazu aufgefordert würde, am Ende eines Stückes den rechten Arm hoch zu strecken, dann erinnere ihn dies sofort an den Hitlergruß. Offenbar würden seine Erinnerungen weiter zurückreichen als die der meisten anderen Chormitglieder. Eine schwere Gallenkolik im vergangenen Jahr sei ihm eine Vorwarnung, wie es einem ergehen könne. Wenn er eines Tages pflegebedürftig würde, hoffe er ein bisschen auf seine Partnerin; wenn nichts anderes mehr übrig bleibe, würde er auch ins Pflegeheim gehen.

Freunde habe er, „aber keinen besten Freund". Zu einem weiter entfernt wohnenden Freund habe er eine gute Beziehung, „die geht nicht mehr aus dem Leim". Nach seinen Wünschen für die Zukunft befragt, erwähnt er eine entsprechende Liste, die er vor einiger Zeit angefertigt und an die Wand gehängt habe. Neben einer Reihe kleinerer Wünsche läge ihm vor allem das Verhältnis zu seinen Töchtern am Herzen. Schön fände er auch, wenn er mit seiner Partnerin zusammen noch ein gemeinsames Projekt entwickeln könnte. Für sich selbst wünscht er sich „genügend innere Wandlungsfähigkeit, um mich positiv an das anzupassen, was ich noch kann – dann wäre ich glücklich."

Mit dem Austritt aus dem Beruf reduziert sich das soziale Netz des Mannes meist radikal. Seine Beziehungen waren

primär beruflich gestiftet und mit dem Verlassen des Be-
triebes bleiben die meisten „Freunde" dort zurück, weil
die Beziehungsbasis das gemeinsame berufliche Tun war.
Männer haben meist nicht gelernt, von sich aus soziale
Beziehungen zu pflegen, die nicht funktional sind. Die
den Berufsaustritt überdauernden sozialen Kontakte sind
häufig von der Frau geknüpfte Netzwerke. Aber dies sind
ihre Bezüge, in der Regel Frauennetzwerke, in denen der
Mann keine Rolle spielt und finden kann. Ruhestand bedeutet für nicht wenige Männer deswegen zunächst einmal die plötzliche Konfrontation mit einem überraschen-
den Zustand: ein Stand in Ruhe, ein für sich alleine stille
stehen.

So nimmt es nicht wunder, dass die früher oft an zweiter
Stelle rangierende Paarbeziehung für den älteren Mann
an Bedeutung gewinnt, wie verschiedene Untersuchungen belegen. War er zuvor mit dem Beruf verheiratet,
wird die Ehefrau nun auf einen Schlag die wichtigste Be-
zugsperson. Wenn diese synchron ebenfalls den Wunsch
nach einer Neubestimmung der Beziehung verspürt, kann
die Scheidung vom Beruf die Chance für einen Neubeginn
in der alten Ehe werden. Die Partner können sich in Ruhe
noch einmal einander zuwenden, Neues entdecken, Beziehung Stiftendes finden, ein gemeinsames Altersprojekt
entwickeln.

Papa ante Portas

Aber vielleicht ist die Partnerin zum Zeitpunkt des Be-
rufsaustritts des Mannes noch selbst berufstätig oder hat
ihre Beziehungswünsche längst resigniert abgeschrieben
und sich einen eigenen Freundeskreis, ein eigenes Sozial-
leben geschaffen? Wenn der Mann nach Hause kommt,
wenn Papa – um mit Loriot zu sprechen – ante portas
steht, dringt er zunächst einmal in eine bislang ge-
schützte, weibliche Domäne ein. Der Mann, der zeit seines Berufslebens mehr den Status eines Gastes in der Familie hatte, geht nicht mehr. Er war abends und am Wo-
chenende gerne gesehen, aber schön und oft unkompli-
zierter war es ohne ihn.

Kritisch wird es nicht selten dann, wenn er seinen nomi-
nellen Besitztitel am Haus als einen Anspruch auf Mitge-
staltung desselben missversteht. Der Mann richtet sich
auf Dauer zu Hause ein und will etwas von seiner brach-
liegenden Schaffenskraft investieren. Oder er nimmt gar
seine Frau beim Wort, die doch immer über ihre Über-
lastung und über seine mangelnde häusliche Unterstützung geklagt hatte. Der Organisationsfachmann, die Füh-
rungskraft kommt nach Hause, um ihr ein paar rationelle
Handgriffe zu zeigen und ihr zeitgemäße Haushalts-
Managementmethoden nahezubringen. Mit einem Wort:

Er stört.* Natürlich geht es ohne ihn, so wie es vierzig Jahre schon ohne ihn ging. So wie sich schon die ins Alter gekommenen Trümmerfrauen heimlich geschworen hatten, dass sie sich nicht noch einmal, wie nach dem Zweiten Weltkrieg, das Zepter von ihren Kriegs- und Berufsheimkehrern aus der Hand nehmen lassen würden, denken auch ihre Töchter nicht daran, nun plötzlich die zweite Geige zu spielen.

Philemon und Baucis oder „Modell Caveman"?

Die Forschung zur Qualität von Ehen im Alter hat zwar widersprüchliche Ergebnisse erbracht, einige Untersuchungen weisen jedoch darauf hin, dass einerseits eine Ehe im Durchschnitt umso schlechter wird, je älter sie ist, Männer andererseits umso zufriedener mit der Ehe sind, je älter sie selbst werden[1]. Männer erleben sich in langjährigen Beziehungen eher von ihren Frauen unterstützt als umgekehrt. Von daher ist das Ergebnis einer Längsschnittuntersuchung erklärbar: Während allein lebende

---

* Ein Blick ins Bürgerliche Gesetzbuch könnte hier Klarheit verschaffen. In § 1356 Abs. 1 ist festgelegt: „Die Ehegatten regeln die Haushaltsführung im gegenseitigen Einvernehmen. Ist die Haushaltsführung einem der Ehegatten überlassen, so leitet dieser den Haushalt in eigener Verantwortung." Dies gilt natürlich auch über den Ruhestand des Mannes hinaus.

Männer eine geringere Lebenserwartung als verheiratete haben, ist es bei den Frauen genau umgekehrt: Single-frauen leben länger, Ehefrauen kürzer.[2]*

Vor dem Hintergrund dieser Forschungsergebnisse ist es nicht weiter verwunderlich, dass zwei Drittel der späten Scheidungen von Frauen ausgelöst werden und dass sich die Männer dabei häufig als die Verlierer erleben. Wo die Ehefrau die einzige Gefährtin war, bei der alle Bedürfnisse aufgehoben und versorgt schienen, ist ein Leben ohne diese Partnerin nur schwer vorstellbar. Geschiedene Männer haben darum ein über doppelt so hohes Mortalitätsrisiko wie verheiratete[3].

„Man versteht sich als älteres Ehepaar auch, ohne sich ständig verständigen zu müssen. Glaube ich jedenfalls", schreibt Erich Schützendorf und fügt hinzu: „Meine Frau glaubt das nicht."[4] Man muss nicht gleich von der kategorischen Behauptung ausgehen, dass Männer und Frauen sich, genetisch begründet, überhaupt nicht verstehen können, aber es ist nicht von der Hand zu weisen, dass die Kommunikation zwischen den Geschlechtern häufig sehr

---

* Dagegen hat allerdings jemand eingewendet, es sei ein verbreiteter Irr-glaube, dass verheiratete Männer länger leben als ledige – es komme ihnen nur so vor.

asymmetrisch ist. Neben neurobiologischen Unterschieden ist an die unterschiedlichen Sozialisationsbedingungen zu erinnern.* Wir wollten als Jungen wie unsere Väter sein, die von einer ungebrochenen Vorstellung traditioneller Männlichkeit der Jugendbewegung und der Vorkriegs- und Kriegszeit geprägt waren. Diese Vätergeneration ist nach Insa Fooken das Ergebnis der „Formung einer männlichen Persönlichkeit, das heißt auf das Endprodukt eines starken, schweigsamen, auf sich selbst vertrauenden Mannes, der zugleich loyales Mitglied der Truppe ist"[5]. Wir waren begeistert von Männlichkeiten und Männerbeziehungen wie der zwischen Winnetou und Old Shatterhand, deren Kommunikationsbedürfnisse nach einem Jahr Trennung mit einer einzigen grüßenden Handbewegung befriedigt waren. Nicht vergessen werden sollte, dass diese traditionellen Männlichkeitsideale noch bis in die siebziger Jahre hinein praktisch ungebrochen gelebt wurden; in der Studentenbewegung gab es noch kaum Verständnis für ihre Infragestellung durch die aufkommende Frauenbewegung.

Die männliche Rolle ist nach Überzeugung der Sozialforscher Heidrun Bründel und Klaus Hurrelmann durch das

---

* Falls Sie sich und Ihrer Partnerin einmal einen lustvollen Theaterabend zu diesem Thema schenken wollen, dann besuchen Sie unbedingt eine der bundesweit angebotenen Aufführungen von Rob Beckers „Caveman".

Bestreben gekennzeichnet, „sich auf jeden Fall von Frauen zu unterscheiden und von weiblichem Verhalten zu distanzieren, sich anderen überlegen zu fühlen, Unabhängigkeit zu bewahren"[6]. Der Stabilisierung einer solch unsicheren und allzeit bedrohten Geschlechtsidentität dient das von den Männerforschern Lothar Böhnisch und Reinhard Winter beschriebene Prinzip der „Externalisierung". Externalisierung meint eine lebenslange Orientierung von Wahrnehmung und Handeln nach außen. Sie ist gekoppelt mit einem Mangel an Verbindung zu sich selbst sowie zu anderen Personen. Schweigen entspricht diesem Rollenmuster, erlaubt Kontrolle, wo die Angst vor Nähe zu groß wird. „Männer verfallen oft in eine Art von Trance, einen selbsthypnotischen Zustand, in dem sie schlecht erreichbar sind, und den sie bei Überforderung als Rückzugsraum aufsuchen."[7] Besonders da, wo die männliche Identität bedroht ist, kann das Verstummen für den Mann Schutz versprechen. „Das Grundproblem des ‚beschädigten' Mannes", stellt Lothar Böhnisch fest, „ist die Sprachlosigkeit (‚funktionelle Stummheit') – gegenüber sich selbst und im Hinblick auf das, was ihn bedroht."[8]*

---

* Berichtet der Sohn stolz seinem Vater, dass er in einem Theaterstück die Hauptrolle bekommen hätte. Er habe einen 25 Jahre verheirateten Mann zu spielen. – Schön, mein Sohn, aber nächstes Mal wählst du eine Sprechrolle!

So könnte es sein, dass das Vorbild von Philemon und Baucis, des unzertrennlichen und sich ewig liebenden alten Paares aus der griechischen Mythologie, ein falsches, weil unglücklich machendes Ideal für die alternde und sich weiter entwickelnde Beziehung zwischen Mann und Frau ist. Auch Liebe und Zuneigung altern, erfahren, wie das Altern überhaupt, Verluste und Gewinne. Die an erotischer Spannung und Attraktion abnehmende Liebe kann sich – auch angesichts der zunehmenden Unentrinnbarkeit der Altersehe – zur Treue wandeln; im alternden Partner kann immer mehr, nämlich auch die gemeinsam geteilte Vergangenheit, gesehen werden.

Ist es für die junge Zweierbeziehung, die Dyade, nur natürlich, die frische Verliebtheit in maximaler Nähe und Gemeinsamkeit zu leben, wandelt sich das System mit dem Kind zur Triade. Mann und Frau erweitern ihr Beziehungsmuster um die nun oft dominanten neuen Rollen von Vater und Mutter. Verlassen die Kinder das Haus, ist keine Rückkehr zu den Flitterwochen, zum status quo ante mehr möglich. Eine neue Qualität muss entwickelt werden. Einerseits heißt dies, sich wieder als Dyade wahrzunehmen und Gemeinsames (wieder) zu entdecken oder neu zu entwickeln; dies wird umso leichter fallen, wenn das Paar in der Zeit der Triade neben der Elternrolle immer auch noch die Paarrolle lebte. Andererseits sollte bejaht werden, was beide über die Jahre jeweils an Eigenem für sich gelebt haben oder als Bedürfnisse entwickeln wollen. Symbolisierte das gemeinsame Schlafzimmer die junge Ehe, das Wohnzimmer die Eltern- und Familienphase, so könnten für die nachelterliche Gefährtenschaft die zwei Zimmer im gemeinsamen Haus stehen, wo jeder das Seine tut und man sich dann begegnet, wenn es für beide stimmt.

Wie idealistisch und womöglich widernatürlich unsere Vorstellung von lebenslanger ehelicher Eintracht und ständiger Gemeinsamkeit sein kann, können Sie im Urlaub feststellen. Gehen Sie, wohin Sie wollen und sie werden die griechischen Männer im Kaffeehaus, die Südfranzosen beim Boulespielen und, wenn Sie es näher haben wollen, sogar die alten Bauern auf der Schwäbischen Alb beim Stammtisch jeweils unter ihresgleichen antreffen, während die Frauen anderswo ebenfalls unter sich sind. Überall gibt es im Alter wie selbstverständlich partiell getrennte Männer- und Frauenwelten.

Wenn die Gefährtin geht

Partnerschaft, Nähe und Abstand, nachelterliche Gefährtenschaft und Arbeitsteilung müssen neu eingeübt und austariert werden, wenn die Beziehung im Alter tragfähig bleiben soll. Nicht immer wird dies aus eigener Kraft gelingen und bedarf womöglich einer professionellen (Beziehungs-)Beratung. Die Scheidungsraten älterer Paare haben sich seit den siebziger Jahren mehr als verdoppelt, zwanzig Prozent aller inzwischen geschiedenen Ehen haben zwanzig und mehr Jahre überdauert. Ehen mit traditionellen Rollenkonstellationen zeigen übrigens das höchste Risiko einer späten Scheidung[9]. Der Anteil Beratung suchender Menschen jenseits der fünfzig und sechzig ist jedoch nach wie vor gering, es gibt noch immer große Berührungsängste und Vorbehalte, was die Veränderbarkeit und Entwicklungsfähigkeit im höheren Erwachsenenalter betrifft (übrigens auch bei Therapeuten). Als Grundproblem des „beschädigten Mannes" beschreibt Lothar Böhnisch seine „Sprachlosigkeit ... gegenüber sich selbst und im Hinblick auf das, was ihn bedroht". Aus Angst, die Kontrolle über sich und sein Problem zu verlieren, versucht er, sein Problem zu rationalisieren. „Männlichkeit steht quer zur Beratung, weil sie immer dort nach außen strebt, wo die Beratung nach innen will."[10] Wenn sich der Mann auf Beratung einlässt, kann sie wie bei Herrn B. eine Chance sein, noch einmal ganz andere Seiten in sich zu entdecken.

In der Arbeitswelt sind Teamentwicklung, Mediation und Coaching längst schon entstigmatisierte, normale und re-

gelmäßige Maßnahmen zur Verbesserung von Kommunikation und Kooperation geworden. Warum soll diese an-
erkannte Möglichkeit zur Verbesserung der betrieblichen
Produktivität nicht auch das eheliche Wohlbefinden stei-
gern helfen? Wie steht es übrigens, falls (noch) vorhan-
den, um Ihre Ehe? Wann haben Sie Ihre letzte Investition
zur Verbesserung von Kommunikation und Kooperation
getätigt? Nein, der Blumenstrauß neulich zählt nicht, der
fällt unter die allgemeinen Betriebsausgaben zur Pflege
der Unternehmenskultur.

Auch die beste Ehe kann enden – durch den Tod der Partnerin. Verwitwung ist zwar primär ein Frauenschicksal,
weil Frauen im Schnitt länger leben und sie in den heutigen Altersehen zumeist auch noch um einige Jahre jünger
sind als ihr Partner. Doch immerhin 15 Prozent aller Männer werden jenseits der 65 zu Witwern. Mit dem Tod der
Partnerin stirbt die gemeinsame eheliche Identität, stirbt
ein Teil von einem selbst. So wie einem der Tod der eigenen Eltern das Gefühl gibt, nun in die erste Reihe vorzu-
rücken, bringt einen der Tod der (jüngeren) Partnerin
auch dem eigenen Tod näher. Mit dem Abschied von der
Frau muss vom bisherigen Leben Abschied genommen
werden, was oft auch mit dem Verlust der Wohnung verknüpft ist. Männer verkraften diesen Abschied schlechter
als Frauen, es ist bei ihnen im ersten Jahr nach dem Tod

der Frau eine auf das Eineinhalbfache erhöhte Sterblichkeit zu verzeichnen. Deswegen brauchen Männer Unterstützung bei der Bewältigung ihrer Trauer, zum Beispiel in organisierten Trauergruppen. Zu den unterschiedlichen Formen der Trauer merkt der Alterspsychotherapeut Meinolf Peters an: „Es gehört zu den offensichtlichsten Widersprüchen bei der Trauer, dass diese umso leichter gelingt, je glücklicher und reifer die Beziehung war."[11]

Vor allem auf Grund der demografischen Geschlechterverhältnisse im Alter ist für Männer eine Wiederverheiratung gut möglich. Während von den über 60-jährigen Frauen nur rund die Hälfte (noch) verheiratet ist, sind dies immerhin vier Fünftel der Männer. Von denen, die jenseits der 60 noch einmal heiraten, sind drei Viertel Männer.

Familienbande lösen und knüpfen

Zum Glück gibt es neben der Ehefrau noch die Kinder (so man welche hat), die einem bleiben. Auch wenn Kinder und Eltern heute meist weniger eng zusammenleben als früher (wobei das Bild der harmonischen Dreigenerationenfamilie unter einem Dach ein schöner, aber von der historischen Sozialforschung längst widerlegter Mythos ist), werden zumeist regelmäßige Beziehungen gepflegt, die von beiden Seiten als emotional bedeutsam beschrieben werden. Allerdings besteht da eine Asymmetrie: Die Eltern fühlen sich ihren erwachsenen Kindern stärker verbunden und haben ein größeres Kontaktbedürfnis als umgekehrt. Während der Kontakt zu den eigenen alten Eltern oft eher pflichtgemäß gepflegt wird, werden gleichzeitig die mangelnden Lebenszeichen der eigenen Kinder beklagt. Mit dem Bild „Die Muttermilch fließt nicht nach oben!" hat der Philosoph Peter Sloterdijk dieses Naturgesetz beschrieben. Wir müssen unseren Kindern alles geben, um sie dann immer mehr loszulassen und freizugeben. Darum ist es gut, wenn die Kinder, was sie derzeit im Durchschnitt ja immer später tun, eines Tages das Haus verlassen und auch irgendwann eine eigene Familie gründen. Beide Ereignisse erfordern ein Loslassen, sind schmerzlich und mit Trauer verbunden. Auch deswegen, weil sie uns einen weiteren Schritt in Richtung Alter führen, uns alt machen.

Während Männer diese Zäsuren allerdings oft noch zur Zeit intensiver Berufstätigkeit erleben und sie mehr im Hintergrund zur Kenntnis nehmen, sind sie für ihre Ehefrauen oft der erste große Schritt ins Alter. Selbst wenn die Frauen berufstätig sind, stellt der Auszug der Kinder ihre erste große Rollenaufgabe dar. Zeitlich verbunden ist dies häufig mit den Wechseljahren, die für die Frau eine massive Konfrontation mit dem Altern darstellen können. Der Mann sollte sich dessen bewusst sein und Verständnis für diese krisenhafte Umbruchszeit seiner Frau entwickeln. Neben dem eigenen Alter ist das Altern der Partnerin ein Thema, das in der Beziehung angesprochen werden sollte. Denn der unreflektierte und eher triebgesteuerte Reflex, wie ihn der Psychotherapeut Hans Jellouschek beschreibt, des in die Jahre kommenden Zeus, die alt werdende Hera links liegen zu lassen und sich auf die junge Semele zu stürzen, vermittelt nur scheinbar und vorübergehend die ewige Jugend.

Immer weniger, aber zum Glück immer noch, zeugen Kinder Enkelkinder. Großvater zu werden, mit „Opa" tituliert zu werden, macht eindeutig und unüberhörbar alt (auch wenn man natürlich noch lange nicht aussieht wie ein Opa). Aber es kann noch einmal wunderbar jung machen, die Chance auftun, bei den eigenen Kindern Versäumtes nachzuholen. Nicht zu warten, bis der Kleine irgendwann richtig Fußball spielen kann, sondern sich am Geschäft des Popoputzens und Windelanlegens beteiligen, auf dem Boden liegend am Legoturm mitbasteln, sich unter die jungen Mütter auf dem Spielplatz mischen. Dabei bewusst oder unbewusst die eigene Kindheit, die eigene Elternzeit nochmals zu durchleben, kann ein wichtiger Schritt zu einer inneren Abrundung des eigenen

Lebens sein. Enkel erschließen Großeltern die Welt von morgen, halten sie in Verbindung mit dem Neuen, erklären ihnen mit zunehmendem Alter zumindest die technische Welt. Die Großvater-Enkel-Beziehung war immer schon eine besondere, wie uns auch das Grimmsche Märchen „Vom alten Großvater und dem Enkel" lehrt.* Sie setzt allerdings voraus, dass die Beziehung des Großvaters zum Enkel nicht einfach eine Wiederholung der Beziehung zum eigenen Kind darstellt. Großväter sollten keine strafenden Erzieher und Ratschläger sein – das mag das Geschäft der Eltern sein. Gute Großväter sind gelegentlich verwöhnende, zugewandte Ansprechpartner, die ihren Enkelkindern einladende Entwicklungspartner in einer ganz besonderen Beziehung sind. Eine solche Großvaterrolle kann für den alternden Mann ein neues, wichtiges und bereicherndes Rollenfach werden.

Neben anderen Verwandten kann es noch Geschwister geben, die einstmals nach den Eltern die bedeutsamsten Beziehungspartner waren. Wie groß, stark und vorbild-

---

* Zwei Buchtipps: Ein für alle Generationen gleichermaßen anrührendes Bilderbuch ist die Geschichte von Ulf Stark und Anna Höglund „Kannst du pfeifen, Johanna", in der ein kleiner Junge sich einen Opa im Altersheim sucht.
José Luis Sampredo beschreibt in seinem wunderbaren Buch „Das etruskische Lächeln" die Begegnung eines alten italienischen, krebskranken Widerstandskämpfers mit seinem kleinen Enkelsohn.

lich war doch der große Bruder, wie unglaublich klein, dumm und schutzbedürftig der kleine. Im mittleren Erwachsenenalter verlieren diese nächsten Anverwandten in der Regel an Bedeutung, werden unter Umständen auch gemieden, weil man nicht wieder in alte „Familienmuster" zurückfallen will. Der Kontakt wird in dieser Phase häufig mehr über von den Eltern arrangierte Familienfeste aufrechterhalten. Gelegentlich kann es lange dauern, bis die Geschwister sich von ihren Kindheitsverstrickungen gelöst haben und sich im höheren Erwachsenenalter neu entdecken, wieder enger zusammenrücken können. Wo sich alle anderen Beziehungen auflösen mögen, bleiben am Ende oft nur noch die Blutsbande und schließen sich wieder die Kreise. Und der einstmals doppelt so alte große Bruder ist nun zwar kaum noch wahrnehmbar älter, aber er bleibt der Große.

Männer- und Hundebegegnungen

Wie viele Freunde haben Sie? Männer, mit denen Sie etwa reden könnten, wenn es in der Ehe gerade mal nicht so gut läuft? Je weniger Kinder Sie haben und je älter Sie werden, desto mehr sind Sie auf außerfamiliäre Beziehungen angewiesen, um eine zu starke Fixierung auf die Partnerin und die damit verbundenen Probleme zu relativieren. In der Regel verfügen Männer über kleinere soziale Netze als Frauen, die zudem eher oberflächlicher Natur sind. Häufig auch überlassen Männer die soziale Netzwerkpflege ihren Frauen – die diesbezüglichen Aktivitäten von Herrn B. sind eher untypisch für Männer. Auf der Autofahrt zum Fest versorgt die Frau den mitreisenden Ehemann mit den aktuellen Daten: wie die Gastgeberin mit Vornamen heißt, wie viele Kinder es gibt und was Mann an Basisinformationen sonst noch braucht. Da die beiden auf der korrespondierenden Seite nicht selten auf ein ähnlich gestricktes Paar treffen, wo sich nun die beiden mitgereisten Männer eher wenig zu sagen haben, verweiblicht das von der Frau gepflegte Netzwerk mit der Zeit immer mehr und der Mann fällt durch die Maschen. Der 58-jährige Erich Schützendorf meint dazu: „Manchmal kommen mir meine Frau und ihre Freundinnen wie ein Club von zukünftigen Witwen vor, die schon mal einen Verein gründen, aber mit der Mitgliedschaft noch warten müssen, bis eine entscheidende Voraussetzung erfüllt ist."[12] Die Männerkreise, die Kontakte zu den alten Klassenkameraden, den Studienkommilitonen, den Kollegen vom früheren Arbeitsplatz – wenn sie nicht gepflegt wurden, werden auch sie eines Tages, wenn Mann gerne darauf zurückgreifen würde, verblasst sein.

Viele Männer können besser mit Frauen kommunizieren, ziehen auch den erotischen Reiz dieser Gespräche vor. Aber Männer und Frauen fühlen, denken und kommunizieren geschlechtsspezifisch, was uns, falls es hierfür überhaupt noch eines Beweises bedurfte, spätestens die jüngsten Erkenntnisse der Neurobiologie gezeigt haben. Deswegen brauchen Männer auch Männer als Gesprächspartner, mit denen sie anderes teilen als mit Frauen. Gerade jenseits der 50, wenn sich in der männlichen Biografie neue Fragen und Themen eröffnen, braucht es die etwa Gleichaltrigen, die in der gleichen Lebenslage sind und mit denen ein echter Austausch möglich ist. Wo mit zunehmendem Alter die Welt immer weiblicher wird, erinnert die Geschlechterforscherin Joan Shapiro an die Tatsache: „Männliche Selbsteinschätzung beruht primär auf der Anerkennung durch andere Männer"[13].

Falls Sie beim Stichwort „Männergruppe" immer noch an irgendwelche ausgeflippten Sozialpädagogen denken, die nackt ums Feuer tanzen und anderen Männlichkeitsritualen frönen, mögen Sie auf die vielleicht noch hier und da stoßen. Die Regel sind sie allerdings nicht. Männergruppen gab und gibt es in unzähligen Variationen zuhauf: Am Stammtisch, im Golfclub, im Aufsichtsrat, in der Sauna, auf dem Fußballplatz … Die Männergruppe, die ich meine, hat allerdings eine entscheidende andere Qualität: jenseits der bloßen Geselligkeit oder männerbündle- rischen Verschwörung thematisiert sie das, was den Mann unmittelbar angeht.

Wer sich noch nicht für die Männergruppe reif fühlt und trotzdem neue Kontakte aufbauen will, legt sich einen Hund zu – eine der besten Möglichkeiten, in der Zeit nach der Berufstätigkeit den Tag zu strukturieren, an 365 Tagen im Jahr zu seinem Bewegungsquantum zu kommen und über das Medium Tier mit anderen Menschen leicht ins Gespräch zu kommen. Der Hund verringert das Gefühl der Einsamkeit, ist ein immer präsenter Ansprechpartner und schenkt dem alleinstehenden alten Menschen oft noch die letzte Möglichkeit des Körperkontakts. Der Hund erfüllt für den alten Witwer in gewisser Weise die gleiche Funktion wie das Baby für die grüne Witwe. Des- wegen wird derzeit auch die Bedeutung von Tieren im Al- ter vermehrt erforscht und beschrieben.

Ich für mich mit anderen für andere für mich

Für Männer, die noch nicht auf den Hund gekommen sind, gibt es das Ehrenamt, inzwischen meist „bürger- schaftliches Engagement" genannt. Knapp 20 Prozent der 55–69-jährigen und rund 10 Prozent der 70–85-jährigen

Männer üben ein Ehrenamt aus. Dabei zeigen allerdings Untersuchungen zum Ehrenamt im Alter, dass sich Männer mehr zum politischen und funktionellen Ehrenamt hingezogen fühlen als zum sozialen. Männer sind bestrebt, das Grundmuster der geschlechtsspezifischen Arbeitsteilung aufrechtzuerhalten und ihre Erwerbsidentität zumindest symbolisch zu wahren.

Vom alten sozialen Ehrenamt unterscheidet sich die Idee des bürgerschaftlichen Engagements dadurch, dass offen anerkannt wird, dass die Motive für ein ehrenamtliches Engagement nicht rein mitmenschlicher, sondern durchaus gemischter Natur sind: Zunächst will ich etwas für mich tun; dazu suche ich mir gleich Gesinnte, mit denen ich etwas veranstalte, was auch anderen nutzt; dies wird mir dann eines Tages, wenn ich selbst bedürftig bin, direkt oder indirekt wieder zugute kommen. Nach diesem Muster hat Herr B. Gleichgesinnte für sein Malhobby gesucht, sich um der sozialen Kontakte willen im Altencafé für andere engagiert und verfügt nun über ein Netzwerk, das ihn auch in kritischen Tagen zu tragen verspricht.

*Wie alt man geworden ist, sieht man an den
Gesichtern derer, die man jung gekannt hat.*[14]

Als wir noch kleine und große Jungen waren, waren wir
stolz, wenn wir einen älteren Jungen als Freund vorwei-
sen konnten: Jemanden, der klüger und stärker war als
wir und der uns dadurch, dass er uns, wenn auch vielleicht nur scheinbar, auf gleicher Augenhöhe begegnete,
selbst ein bisschen älter und erwachsener vorkommen
ließ. Jetzt, wo wir ausreichend erwachsen und alt sind,
kehrt sich das um. „Ältere vergleichen sich bevorzugt mit
Gleichaltrigen, die gebrechlicher oder eingeschränkter
sind als sie selbst, um sich darüber zu vergewissern, noch
‚fit' und ‚rüstig' zu sein" stellt Meinolf Peters fest[15]. Man
grenzt sich von den Gleichaltrigen ab, wertet sie ab und
sieht in ihnen vor allem die negativen Charakteristika des
Älterwerdens. Wir tragen in uns ein verallgemeinerndes,
primär auf Defizite konzentriertes Bild des Alters, dem
ein Selbstbild gegenübersteht, das davon unberührt bleibt
und in dem wir die eigenen Fähigkeiten als unbeeinträch-
tigt wahrnehmen. Gleichzeitig tendieren wir mit zunehmendem Alter dazu, unser Alter zu unterschätzen. 70-
Jährige beschreiben ihr gefühltes Alter im Durchschnitt
ungefähr zwölf Jahre jünger, fühlen sich also noch nicht
einmal wie 60. Deswegen bevorzugen Ältere häufig den
Kontakt mit Jüngeren, was allerdings zu einem kaum auf-

lösbaren Dilemma führt, wo doch die Jüngeren wiederum tendenziell die Älteren abwerten.

Außerfamiliäre Kontakte werden nur von der Hälfte aller älteren Männer regelmäßig, von einem Drittel gelegentlich und von einem Viertel selten oder nie gepflegt. Das bewusste Engagement von Herrn B. bei der Leitung des Altencafés, um sein soziales Netzwerk zu pflegen, stellt eher eine Ausnahme dar. Brechen dann noch die familiären Beziehungen ab, steht der alte Mann alleine da. Von den über 60-jährigen Männern leben rund 20 Prozent alleine – was allerdings nicht Einsamkeit bedeuten muss. Alt ist nicht gleich einsam, auch wenn die beiden Begriffe häufig in einem Atemzug genannt werden. Man kann alleine leben, ohne sich als einsam zu empfinden. Aber immerhin rund ein Drittel aller über 60-Jährigen werden als einsam klassifiziert. Aus der Not der Einsamkeit kann auch eine Tugend gemacht werden, wie Lothar Böhnisch beobachtet: „Auch alte Männer mit wenigen Außenkontakten können Lebenszufriedenheit entwickeln, wenn sie sich z. B. intensiv mit Lesen und Radio hören/Fernsehen beschäftigen. Sie bauen sich dann – innerlich – oft zum distanzierten und (aus der im hohen Alter schon epochalen Lebenserfahrung heraus) ‚überlegenen‘ Kommentator und ‚Richter‘ des Zeitgeschehens auf. So können sie ... sich entsprechend männlich dominant fühlen. In diesem

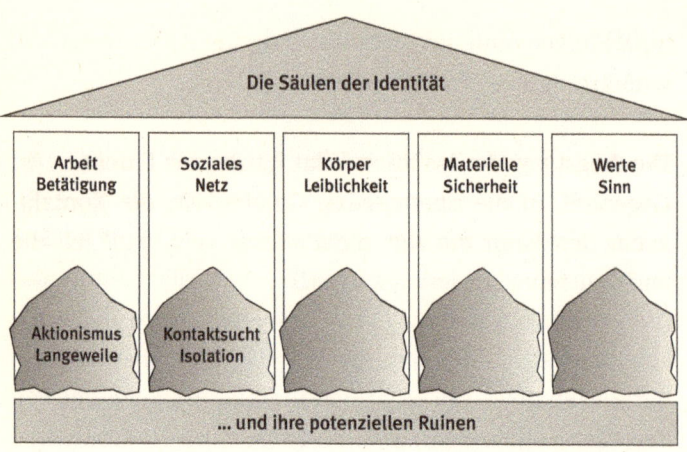

Die Säulen der Identität

| Arbeit Betätigung | Soziales Netz | Körper Leiblichkeit | Materielle Sicherheit | Werte Sinn |

Aktionismus Langeweile

Kontaktsucht Isolation

... und ihre potenziellen Ruinen

Zusammenhang kann dann die soziale Isolation gewollt herbeigeführt werden. Es gibt alte Männer, die mit dem Verlust des sozialen Außen auch für sich eine radikale Trennung nach außen vollziehen, sozial abweisend werden, um so die Kontrolle über sich und die Welt subjektiv behalten zu können."[16]

Je höher das Lebensalter, desto größer die Gefahr der Isolation für den Mann. Er ist davon tendenziell mehr bedroht als die Frau. Der Rückzug als ein lebenslang praktiziertes Muster, um sich mögliche Enttäuschungen und Zurückweisungen zu ersparen, war in Zeiten sozialer Eingebundenheit vielleicht einigermaßen lebbar. Mit zunehmendem Lebensalter wandelt sich dieses Muster jedoch zum Fluch, wenn die Vereinsamung das Alter unendlich, zugleich sinnlos und leer erscheinen lässt.

Die Angst vor der Isolation führt häufig zur Flucht in ihr Gegenteil, in die übertriebene Geselligkeit, die Kontaktsucht. Ich kann mit mir nicht alleine sein, weil ich die anderen brauche, um mich zu spüren, um die Leere in mir zu füllen. Von der Zustimmung der anderen, ihrem Lachen, ihrer Reaktion hängen mein Wohl und Wehe ab. So tue ich alles, um zu gefallen, Resonanz zu erzeugen, dabei zu sein und dazu zu gehören. Mein Selbstwert ist allein von den anderen abhängig. Der Terminkalender ist randvoll mit sozialen Ereignissen, mit Kegelrunden, sozialem Engagement, Gruppenreisen. Man pflegt die unbeschwerte Geselligkeit, feiert täglich das Leben und trägt eine Fröhlichkeit zur Schau, die das Alter als permanentes goldenes Zeitalter verkauft. Ich vermute, manche sich gelegentlich über ein Ausflugslokal ergießende Jubel-Trubel-Heiterkeit eines Seniorenbusses würden wir bei einer Jugendgruppe nicht so geduldig hinnehmen.

Für die Einsamen und Isolierten sind im Übrigen die Altenkreise gedacht, wo allerlei gegen die Einsamkeit geboten wird. Allerdings sind dies zumeist Frauentreffs, wo man zwar auf ein paar vereinzelte Männer trifft, aber in der Regel auf wenig männerspezifische Angebote. Wo sind in unserer Gesellschaft heute eigentlich noch die Orte speziell für die alten Männer? Was wir im Ausland oder bei Migranten in Deutschland noch wahrnehmen, etwa die Einbindung in Ausländerclubs oder religiöse Gemeinschaften, wird nach meiner Wahrnehmung bei deutschen alten Männern immer weniger.

Hegemoniale Männlichkeit

An dieser Stelle sei nochmals an die große Vielfalt ganz unterschiedlicher Männerwelten im Alter erinnert. Es gibt nicht nur die eine Form von Männlichkeit, sondern verschiedene Männlichkeiten, die in einem hierarchischen Verhältnis zueinander stehen. Der Männerforscher Robert W. Connell hat hierfür den Begriff der „hegemonialen Männlichkeit" entwickelt, eine Form von Männlichkeit, die nicht nur Frauen dominiert und abwertet, sondern insbesondere auch viele Gruppen von Männern unterordnet und marginalisiert, an den Rand drängt. Hegemonie bedeutet soziale Überlegenheit, die auf Seite der Schwächeren ein hohes Maß an Einverständnis mit den Beherrschten voraussetzt. Marginalisierte Männer bilden gleichsam einen Antityp zur hegemonialen Männlichkeit und stehen im Verdacht, keine „richtigen" Männer zu sein. Hierzu gehören etwa Migranten, Langzeitarbeitslose, frühzeitig erwerbsunfähig Gewordene oder chronisch Kranke.

Das wichtigste Kennzeichen hegemonialer Männlichkeit ist Heterosexualität, eng verknüpft mit der Institution Ehe. Eine Schlüsselform der untergeordneten, marginalisierten Männlichkeit ist dementsprechend Homosexualität. Homosexuelle alte Männer werden doppelt oder gar dreifach marginalisiert – schon immer waren sie keine „richtigen" Männer und nun entmannt sie das Alter vollends und grenzt sie zudem meist auch noch aus der Schwulenszene aus. Denn der alte Mann mit seiner tendenziellen Verweiblichung bedroht das männliche Selbstkonzept (das ist ein Grund dafür, dass das das Thema Alter aus dem öffentlichen Sprechen über Männlichkeit ausgeklammert bleibt). Viele homosexuelle Männer konnten – auch aufgrund der jahrzehntelangen strafrechtlichen Diskriminierung – die meiste Zeit ihres Lebens nicht öffentlich zu ihrer Sexualität stehen und sind deswegen im Alter oft noch stärker als andere isoliert und vereinsamt.

Am Ende dieses Kapitels sei mithilfe des Wertequadrates von Schulz von Thun nochmals zusammengefasst, was bedacht sein will, wenn man(n) weder in eine übertriebene Kontaktsucht noch in die Isolation verfallen, sondern eine gute Balance zwischen sozialer Einbindung einerseits und Zeit für sich selbst andererseits finden will: Beim Älterwerden brauchen Männer ein soziales Netz aus Partnerschaft, (Herkunfts-)Familie, Freunden, Nachbarn, ehemaligen Kollegen, Vereinskameraden und anderen Freizeitpartnern. Beginnt man erst mit 60, dieses Netz zu knüpfen, ist man vermutlich zu spät dran.

Die folgenden Fragen kann man sich – übrigens in jedem Lebensalter – stellen, um zu sehen, wie tragfähig die sozialen Beziehungen sind:

- Welchen Stellenwert haben andere in meinem Leben?
- Investiere ich ausreichend in die Beziehungspflege?
- Habe ich dabei auch kritische Gegenüber?
- Wo gibt es den nötigen Tiefgang, wo den ausgleichenden Spaß, die Leichtigkeit, das Spiel?
- Habe ich echte Freunde?
- Auf wen kann ich mich, wenn es einmal drauf ankommt, wirklich verlassen?

Aber auch das andere will gelernt und eingeübt sein, nicht nur, wenn im Alter die Kreise kleiner werden und die sozialen Partner sterben: Mit sich alleine zurecht kommen, das Alleinsein aushalten können, sich im rechten Moment aus der Geselligkeit zurückziehen, die Ruhe genießen, sich ohne Ablenkung spüren.

Nach dem optimistischen Ausblick des letzten Kapitels glaube ich Ihnen jetzt die Leichenrede des Schweizer Pfarrers und Dichters Kurt Marti zumuten zu können, die zwar nicht unbedingt erheitert, aber deswegen vielleicht umso besser klar macht, worauf es beim Altern – und das heißt beim Leben – ankommt.

Leichenrede

Betrauern wir diesen Mann
nicht weil er gestorben ist
Betrauern wir diesen Mann
weil er niemals wagte
glücklich zu sein

Betrauern wir diesen Mann
der nichts war als Arbeit und Pflicht
Betrauern wir diesen Mann
weil er immer getan hat
was man von ihm verlangte

Betrauern wir diesen Mann
der nie mit der Faust auf den Tisch schlug
Betrauern wir diesen Mann

weil er nie auf das Urteil anderer pfiff
und einfach tat was ihm passte
Betrauern wir diesen Mann
der fehlerfrei funktionierte
Betrauern wir diesen Mann
weil er Streit und Frauen vermied
und heute von allen gerühmt wird

Betrauern wir diesen Mann
nicht weil er gestorben ist
Betrauern wir diesen Mann
weil er war wie auch wir sind –
Betrauern wir uns.[17]

III. Nicht mehr können oder nicht mehr müssen?

> Blühen ist ein tödliches Geschäft.
> Ich habe mich einverstanden erklärt.
> Ich lebe.
>
> *Helmut Heißenbüttel*

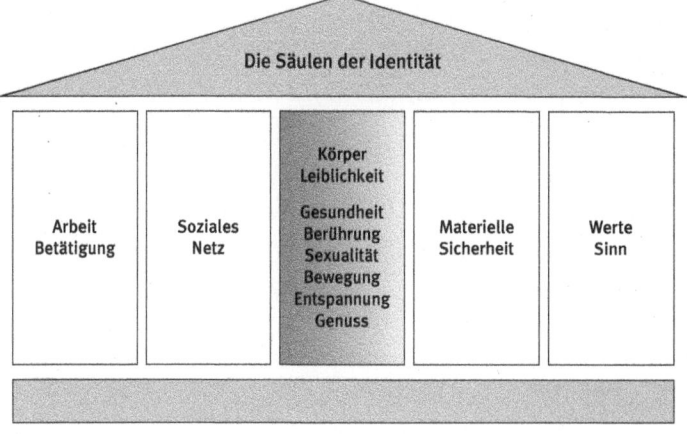

Eigentlich wollte ich mit Herrn C. alleine reden. Aber der 79-Jährige führt mich in die gute Stube, wo seine pflegebedürftige Frau im Rollstuhl sitzt. Er ist zunächst sichtlich skeptisch. Obwohl der Kontakt von der Sozialstation vermittelt worden war, will er wissen, ob ich vom Medizinischen Dienst der Krankenkasse oder et-

was Ähnlichem sei. Die würden nämlich seiner Frau eine Höherstufung verweigern und sogar die derzeitige Pflegestufe Eins in Frage stellen. Frau C. ist im gleichen Alter wie ihr Mann und leidet seit drei Jahren an einer progressiven, nicht aufzuhaltenden Muskellähmung, die nach wenigen Monaten bis Jahren zum Tod führt. Sie ist bereits vollständig von der Hilfe ihres Mannes abhängig, in den Beinen gelähmt, im Sprechen einge- schränkt, hat einen Dauerkatheder und bekommt Flüs- sigkeit per Infusion zugeführt. Herr C. muss seine Frau nachts vier bis fünf Mal umdrehen und ihr das Essen reichen. Einmal täglich kommt Unterstützung von der ambulanten Pflege, ihre Tochter putzt und hilft ihnen etwas im Haushalt. Herr C. selbst hatte vor zehn Jahren einen Schlaganfall mit halbseitiger Lähmung, von der noch Reste sichtbar sind. Voriges Jahr hatte er einen Herzinfarkt.

Herr C. wurde 1927 im elterlichen Haus und Flaschner- betrieb einer Kleinstadt, in der er heute noch lebt, gebo- ren. Nach der Volksschule und einer zweijährigen Lehre wurde er 1944, mit 16, zum Arbeitsdienst und dann an die Front in Böhmen und Mähren eingezogen. Nach ei- nem Lungensteckschuss kam er im April 1945 ins La- zarett, wurde durch einen Trick vor der Kriegsgefangen- schaft bewahrt und kam im Juni 1945 wieder nach

Hause. Er arbeitete im elterlichen Betrieb, den er ab 1955 übernahm. Dann habe er „zehn Jahre für Schulden schaffen müssen", da der Betrieb faktisch bankrott war und der Vater keine Rente gehabt habe. Der Gerichtsvollzieher begleitete sie über Jahre. Seine Frau, die er 1950 heiratete und mit der er drei Kinder hat, trug maßgeblich zum Familieneinkommen bei. Sie betrieb einen eigenen Laden und bediente von acht Uhr abends bis zum frühen Morgen in der Gastwirtschaft ihrer Eltern. So musste sie über viele Jahre mit nur drei Stunden Nachtschlaf auskommen. Erst nach dem Tod seines Vaters seien sie auf einen grünen Zweig gekommen. Eine neue Werkstatt konnte gebaut werden, die Auftragsbücher waren voll, die Arbeitswoche bestand aus sieben Tagen – „uns ist die Arbeit in die Hände gelaufen". Urlaub gab es maximal zwei, drei Tage; erst vor wenigen Jahren gönnten sie sich ihren ersten zweiwöchigen Urlaub an der Nordsee. Mit 63 Jahren übergab Herr C. den Betrieb an seinen Sohn.

Der „Ruhestand" war ausgefüllt mit Bauprojekten: Ausbau des eigenen Hauses, zu dem er jahrelang nicht gekommen war, Dachausbau in einem weiteren eigenen Haus, Mithilfe beim Hausbau des Sohnes, Umbau der Wohnung der Schwiegermutter. Nun ist Herr C. seit drei Jahren rund um die Uhr für seine Frau da. Der Alltag und die Nacht werden durch ihre Pflege bestimmt. Er hat unter ihrer Anleitung das Kochen gelernt und ist derzeit auf Suche nach einer Putzhilfe. In die Pflege will er aus seiner Familie niemanden einbeziehen. Einmal in der Woche geht er zu seinem Gesangverein, sonst hat er keine Außenaktivitäten.

Auf meine Frage an den 79-Jährigen, ob er alt sei, kommt ein klares Nein. Alt sei man, „wenn man im Kopf nicht mehr klar ist". Seine Frau ist hingegen der Meinung, alt sei man, „wenn man nix mehr könne", wie sie. Über eine Heimunterbringung hätten sie noch nicht nachgedacht, auch wenn die Frau während eines Kuraufenthaltes von Herrn C. vergangenes Jahr sechs Wochen in der Kurzzeitpflege war. „Wir hoffen halt, dass es schnell geht." Er selbst würde niemals bei klarem Verstand in ein Pflegeheim gehen. Sie hätten schon einmal an eine altengerechte Wohnung gedacht, diese Lösung dann aber aus finanziellen Gründen verworfen. Auf die Pflegebereitschaft der Tochter angesprochen verneint er diese und findet es – allerdings etwas zwiespältig – gut, dass sie so ehrlich sei. Die Jungen hätten andere Interessen und eine Pflegebereitschaft erwarte er eigentlich erst, wenn diese „älter seien und nix mehr unternehmen würden". Zu den Gewinnen des Alters fällt ihm nicht viel ein, außer dass man mehr Geld und mehr

Zeit habe als früher. Ob es für ihn etwas nach dem Tod gebe? Nein, „so bigott" sei er nicht. Seine etwas nachdenkliche Bilanz: „Man hat viel geschafft, hat es auch zu was gebracht und es ist nicht umsonst gewesen."

Nach dem Gespräch begleitet er mich noch hinaus. Zeigt mir den im vergangenen Jahr eingebauten Aufzug und spricht von einer geplanten Solaranlage, die er in Angriff nehmen wolle, „wenn das rum sei." Wir kommen nochmals aufs Pflegeheim für seine Frau zu sprechen, nachdem er in einem Nebensatz durchblicken lässt, dass er sich gerade erst dort erkundigt habe. Sie spreche manchmal davon, sie doch dorthin zu tun, „wenn er so grob" sei. Manchmal würde er zu fest zupacken, seine Handwerkerhände seien „eben keine Hebammenfinger". Auch wenn er wiederholt unterstreicht, dass es ihm gut gehe, wird doch immer wieder manche Bitterkeit spürbar.

Wir alle altern und zwar schon immer. Mit der Geburt beginnt die Zellalterung und nach einer vergleichsweise kurzen Phase des Wachstums und Blühens setzen bald die ersten und unübersehbaren Altersabbauprozesse ein. Mit zwanzig beginnt sich die Verarbeitungsgeschwindigkeit des Gehirns zu verlangsamen; 15 Prozent aller Männer beobachten mit 35 die ersten kahlen Stellen auf dem

Kopf, mit 60 hat die Hälfte eine mehr oder weniger ausgeprägte Glatze; ab 40 nimmt der Durchmesser unserer Haare immer mehr ab, bis sie mit 70 wieder so fein sind wie nach unserer Geburt; und schon ab 30 beginnt ein Prozess, der unsere Ohren schließlich um zehn Prozent länger werden lässt. Der Abbau der Muskulatur setzt ebenfalls mit 30 ein; bis wir 80 sind, haben wir 10 Kilogramm Muskelgewebe verloren, was einer Krafteinbuße von rund 30 bis 40 Prozent entspricht. Dafür nimmt unser Fettanteil zu, der im zwanzigsten Lebensjahr bei rund 15 Prozent lag und sich bis zum sechzigsten mindestens verdoppelt; biologisch gesehen ist das Bäuchlein ab 40 völlig normal (und gehört zumindest in meiner Vorstellung durchaus zu einem richtig gemütlichen Opa).

Frauen altern, Männer reifen?

Mit fünfzig sind einige von uns schon heftig ergraut, während andere noch auf die ersten Silbersträhnen hoffen, die uns Männer ja angeblich attraktiver machen sollen. Während Frauen ihre „Falten" mit Cremes „für die reife Haut" bekämpfen (das Wort „alt" kennt die Werbung nicht, außer für Whiskey und Ähnliches), sind wir auf unsere ausgeprägter werdenden „Linien" stolz, denn sie machen uns ja nur noch interessanter. Das Altern des Mannes wird im

Allgemeinen sowohl von Frauen als auch von Männern positiver betrachtet als das der Frau, wie dies die Redensart „Frauen werden älter, Männer reifer" ausdrückt; weibliche Attribute sind eher altersabhängig, männliche eher altersunabhängig. Wir kokettieren schon einmal ein bisschen mit unserem Alter, den Zipperlein, die uns anfangen zu plagen oder die mit uns gealtert sind; sind aber überwiegend noch stolz auf all das, was wir noch können oder wo wir gar den Jungen etwas vormachen.

Es hatte schon Anfang 40 begonnen, als alle Texte immer kleiner geschrieben waren – aber die Lesebrille kann ja durchaus ein Schmuckstück sein, das erhöhte Intellektualität suggeriert. Dann begannen Gruppengespräche und laute Räume anzustrengen und die Jungen nuschelten immer so; trotz der Tatsache, dass rund 20 Prozent aller Erwachsenen als hörbehindert eingeschätzt werden, ist der Schritt zum Hörgerät, verglichen mit der Brille, noch immer ein größerer, weil mehr mit dem Altersstigma belegt als die Sehhilfe.* Schleichend hat bei manchem auch die Prostata ihre Zuverlässigkeit verloren, die sich bei den

---

* Wie groß dieses Stigma ist, belegt diese kleine Geschichte: Fragt der Mann seinen Arzt, was er denn mit seiner schwerhörigen Frau machen solle, die sich weigere, zum Arzt zu gehen. – Machen Sie einen Test: Sprechen Sie sie aus zehn, aus fünf und dann aus einem Meter an und schauen Sie, wann sie reagiert. – Der Mann geht nach Hause und fragt an der Haustüre: Du,

meisten Männern ab der Lebensmitte zu vergrößern beginnt. Das Zentralorgan der Männlichkeit beginnt einen in doppelter Weise hängen zu lassen und noch sind wir nicht so weit, wie die alten griechischen Männer in aller Öffentlichkeit Kürbiskerne zu knabbern. Die Hälfte aller Männer mit Prostata- und Inkontinenzproblemen hat darüber noch nie mit einem Arzt gesprochen, obwohl Prostatakrebs beim Mann die häufigste Krebsart und nach dem Lungenkrebs die zweithäufigste Krebstodesursache ist. Darum hieß es in früheren Fürbittgebeten gelegentlich „Oben Licht und unten dicht!"

Garantiezeit leider verfallen

Ja, es ist schon bemerkenswert, wie es ab 30 mit dem Mann insgesamt bergab geht. Das hat damit zu tun, dass wir mit 30, spätestens 40 unseren biologisch-evolutionären Auftrag, nämlich Nachkommen zu zeugen, erfüllt haben. Danach brauchen uns die Natur und die Selektion nicht mehr – im Gegensatz zu den Frauen, die selbst noch als Großmütter ihre Funktion erfüllen. „Die biologische

---

was gibt es heute zu essen? – Keine Antwort. – Aus fünf Metern: Du, was gibt es heute zu essen? – Wieder nichts. Schließlich direkt hinter ihr: Du, was gibt es heute zu essen? – Jetzt sage ich dir s um dritten Mal: Gemüseeintopf!

Evolution" spricht dies der Altersmediziner Hans Zeier lapidar aus „hat also unsere Körperfunktion nur für die erste Lebenshälfte optimiert. Für diesen Lebensabschnitt haben wir quasi eine Garantie. Wir können Raubbau mit unserem Körper betreiben und überleben trotzdem. Weil der menschliche Körper derart robust gebaut ist, funktioniert er auch nach Ablauf der Garantiezeit über viele Jahre noch einwandfrei. Doch nach und nach werden dann gewisse Körperfunktionen störanfälliger."[1]

Und dann die Potenz. Der stolze, steile Neigungswinkel und die einstige Härte haben ihren Zenit längst schon überwunden, die sexuelle Erregbarkeit lässt nach. Mit 50 haben wir 20 Prozent weniger männliche Geschlechtshormone, als wir mit 20 hatten. Lothar Böhnisch und Reinhard Winter bezeichnen dieses Schwinden der Manneskraft als „die letzte Identitätskrücke der Männlichkeit" und als diejenige Gebrechlichkeit, die die Männer oft am tiefsten trifft[2]. So klagte auch schon der alte Goethe: „Der Zeiten gedenk ich, da alle Glieder gelenkig, bis auf eins. Die Zeiten sind vorüber, steif sind alle Glieder bis auf eins." Deswegen wird es für manche Männer so wichtig, sich einer jüngeren Partnerin zuzuwenden, über die sie sich zum einen in ihrer sexuellen Identität und Attraktivität bestätigt sehen können und zum anderen vermittels der jugendfrischen Partnerin selbst jünger erscheinen. Ein

Mann, schreibt die Frankfurter Allgemeine Zeitung, ist „so bedeutend wie der Altersunterschied zwischen ihm und seiner Frau oder Freundin groß ist." Auch hier sind wieder die geschlechtsspezifischen Unterschiede bemerkenswert: Was den Mann jung macht, macht die Frau im umgekehrten Falle alt; was man dem einen gesellschaftlich eher zubilligt, wird bei der anderen als „Mutterkomplex" abgewertet und pathologisiert.

Die zweite Sprache der Sexualität im Alter

Was waren das für herrliche, schreckliche Zeiten, als einem schon der geringste Stimulus das Messer in der Tasche aufgehen ließ? Als man in jeder Lage konnte, oder genauer gesagt, allzeit bereit dazu gewesen wäre? Aber wie besessen waren wir gleichzeitig von der Sexualität, wie viele Frustrationen und enttäuschte Hoffnungen mussten weggesteckt werden? Das Nachlassen der Manneskraft kann für den Mann auch eine Entlastung, ein neuer Zugewinn sein. Wie schön, heute in der Sauna entspannt den Anblick einer attraktiven Frau genießen zu können, ohne gleich kalt duschen gehen zu müssen. Und wo der Cowboy früher einsam, aber schneller war, kann er nun die langsamere, aber synchronere Gemeinsamkeit mit der Partnerin genießen.

Wenn Sie mehr Zeit damit verbringen, Ihre Brille zu suchen als über Sex nachzudenken, heißt dies nicht, dass sie nun endgültig ein alter Mann sind. Es ist ein weit verbreitetes Vorurteil – unter anderem aufgrund der noch immer starken Tabuisierung des nackten alternden Körpers* –, dass Sexualität und Erotik im Alter verschwinden. Aber alte Liebe rostet nicht. Das sexuelle Interesse nimmt zwar ab, bleibt jedoch insgesamt auf hohem Niveau erhalten. Von den 60- bis 70-jährigen Männern ist jeder zweite noch sexuell aktiv, ein Drittel der über 80-jährigen lebt Sexualität. Ein Zusammenhang zwischen sexueller Aktivität und hormonellem Status konnte übrigens nicht belegt werden.

Die Sexualität erstirbt nicht, aber sie verändert sich. Meinolf Peters fasst die wissenschaftlichen Befunde dahingehend zusammen, „dass Kontinuität in der sexuellen Beziehung und damit auch als Teil der Beziehung nur sicherzustellen ist, wenn die Diskontinuität akzeptiert wird"[3]. Der Geschlechtsverkehr muss zugunsten von anderen Formen der Erotik, Zärtlichkeit und Intimität zurücktreten. Paare müssen die „zweite Sprache der

---

* Allerdings scheint dies meiner Beobachtung zu widersprechen, wonach sich manche Männer, je älter sie werden, umso lieber beim ersten Sonnenstrahl mit nacktem Oberkörper zur Schau stellen – manchmal, wie ich finde, geradezu schamlos.

Sexualität im Alter"[4] erlernen. Wie bei allen anderen Aspekten des Älterwerdens geht es auch hier nicht darum, mit allen (Viagra-)Mitteln die Potenz auf dem Niveau eines 30-Jährigen zu erhalten versuchen, sondern seine körperlichen und seelischen Veränderungen wahrzunehmen, zu bejahen und in eine qualitativ neue, altersgerechte Form zu überführen. Klaus Dörner empfiehlt einen „geordneten Rückzug" in Richtung Erotik, Freundesliebe, Caritas.

Auch wenn 80 Prozent der über 60-jährigen Männer verheiratet sind, ist gleichwohl zu fragen, wo alleinstehende oder verwitwete Männer im Alter körperliche Zuwendung bekommen. Schon im Kindergarten war es uns unangenehm, andere an den Händen fassen zu müssen und später wurden gleichgeschlechtliche Körperkontakte meist peinlich vermieden, um sich nicht dem Verdacht der Homosexualität auszusetzen. Wer berührt noch den alten Mann? Außer dem erwähnten Hund sind dies vielleicht gerade noch gelegentlich die Friseuse oder der Physiotherapeut, was die Ärzte zu einer großzügigeren diesbezüglichen Verschreibungspraxis ermutigen sollte.

Warnung:
Die männliche Rolle gefährdet Ihre Gesundheit

Doch auch der liebende Mann lebt nicht ewig. Die Lebenserwartung des Mannes liegt heute bei knapp 75 Jahren, die der Frau bei etwa 81 Jahren; ein 60-jähriger Mann kann mit weiteren 19 Lebensjahren rechnen, eine Frau mit 23 – Tendenz steigend. Diesem signifikanten Unterschied wird in der wissenschaftlichen Diskussion vergleichsweise wenig Beachtung geschenkt, er wird gleichsam mit einem Achselzucken zur Kenntnis genommen. Letztlich sind die Gründe noch nicht wirklich erhellt, so dass man derzeit noch trefflich streiten beziehungsweise von einem ganzen Bündel von Ursachen ausgehen kann. Dabei spielen unter anderem genetische Gründe, hormonelle Unterschiede, berufliche Risiken und Stressfaktoren sowie nicht zuletzt geschlechtsspezifische Formen der Lebensbewältigung eine Rolle.

Alle Befunde zeigen, dass Männer schon als Jungen das schwächere Geschlecht sind. Im Mutterleib und im ersten Lebensjahr sterben mehr Jungen, von nahezu allen Krankheiten und Sterblichkeitsrisiken sind sie weitaus höher betroffen als Mädchen. Sie sind anfälliger für psychische Störungen und zeigen mehr Verhaltensauffälligkeiten, gehen unsensibler und sorgloser mit ihrem Körper um. Männer treiben häufig Raubbau an ihrem Körper, zum Beispiel durch Rauchen, Alkoholmissbrauch, Übergewicht, durch zu unbewegliches oder exzessives Leben, und beurteilen trotzdem im Vergleich zu Frauen ihren Gesundheitszustand generell besser. Dies führt auch dazu, dass Männer seltener als Frauen medizinische Hilfe in Anspruch nehmen – „Frauen suchen Hilfe, Männer sterben". Das medizinische Vorsorgeinstrumentarium ist für Frauen deutlich besser ausgebildet als für Männer. Ein Mann mit Gesundheitsproblemen wird häufig als weniger männlich eingeschätzt. Der Medinzinsoziologe Elmar Brähler stellt fest: „Gesundheit wird mit Geschlecht so stark in Verbindung gebracht, dass eine Beschäftigung damit Männer in den Ruf mangelnder Männlichkeit bringen würde. Von Seiten der Männer werden Hinweise auf die eigene Krankheit dann oft als narzisstische Kränkung erlebt."[5]* Walter Hollstein beschreibt den Mann als eine „Männlichkeitsmaschine, die funktionieren muss"[6].

Das Berufsleben der Männer ist im Durchschnitt riskanter als das der Frauen. Männer bewältigen Stress schlechter,

---

* Nicht nur für Männer, aber für die besonders, ist die Indiskretion deutscher Apotheken deswegen skandalös. Wo wir inzwischen sogar schon unsere Briefmarken im Schutz von Diskretionsschwellen kaufen können, müssen wir uns in Apotheken verschämt, aber in aller Öffentlichkeit mit unseren Leiden outen.

schlafen weniger und nicht so gut. Dies wird auch durch die Tatsache bestätigt, wonach die Lebenserwartung der Frauen nicht sinkt, wenn sie ebenso belastende Berufe wie die Männer ausüben. So weisen etwa Lebensstatistiken aus Russland, wo Frauen schon seit langem selbstverständlicher Teil des Arbeitsmarktes sind, noch größere Unterschiede zwischen Männern und Frauen auf als im Westen. Männer leben ein ungesünderes, weil distanzierteres soziales und emotionales Beziehungsverhalten. Heidrun Bründel und Klaus Hurrelmann fassen dies so zusammen: „Mannsein ist eine hochriskante Lebensform und besteht aus Leistung, Härte und Distanz sich selbst gegenüber."[7]

Welche Rolle genetische und hormonelle Unterschiede spielen, ist noch weitgehend unerforscht. Hans Zeier hebt hervor, dass die Frau zwar ein kleineres Gehirn habe, dieses jedoch in Bezug auf die geringere Körpergröße der Frau ein durchschnittlich größeres relatives Hirngewicht aufweise. „Säugetiere sind in der Regel umso langlebiger, je größer das Gehirn im Vergleich zum Körper ist."[8] Vor dem Hintergrund unseres Erbes als Nachkommen von Jäger- und Sammlervölkern lässt sich das Überleben der Frauen jenseits des Klimateriums als ein sinnvoller evolutionsbiologischer Beitrag zur Ausbreitung ihrer Gene deuten. Das Überleben der Großmutter macht Sinn, der

Großvater ist überflüssig. Untersuchungen in Klöstern zeigen allerdings nur einen geringen Unterschied zwischen Männern und Frauen und legen den Schluss nahe, dass biologische Ursachen kaum für das frühere Ableben der Männer verantwortlich sein können[9].

Woran erkranken und sterben Männer? Männer leiden eher an lebensbedrohlichen Erkrankungen, Frauen an nicht-lebensbedrohlichen, aber chronischen Beschwerden. Das Risiko von Männern, vor dem 70. Lebensjahr an Herz- und Kreislauferkrankungen zu sterben, ist dreimal so hoch wie bei Frauen. Deutlich mehr Männer als Frauen sterben an Atemwegserkrankungen und Lungenkrebs (auch wenn die jüngeren, rauchenden Frauen mächtig aufholen) sowie an Magen- und Darmerkrankungen. Die meisten Menschen sterben nicht an Alterskrankheiten, von denen es, wie etwa den Diabetes Mellitus, nur wenige gibt; die Mehrzahl der Krankheiten altern mit den Betroffenen mit; ihre Geschichte reicht oft weit in die Biografie zurück. Was bedeutet, dass wir vielen Krankheiten im Alter nicht schicksalhaft ausgeliefert sind, sondern vorbeugend etwas gegen sie tun können.

Wenn die bösen Tage kommen

Wo Männer ihre Gesundheit subjektiv immer schon überschätzt haben, nimmt dies im Alter noch zu. 30 Prozent der 80 bis 90-jährigen Männer beschreiben ihren Gesundheitszustand als sehr gut bis ausgezeichnet, 30 Prozent immerhin noch als gut. Wohlbefinden im Alter ist eben nicht die Abwesenheit von Krankheit, sondern relative Gesundheit. Nach dem Motto „Wen es mit 50 nicht irgendwo zwickt, der ist schon tot", vergleichen wir unsere Krankheiten und Leiden mit denen unserer Altersgenossen und sind dankbar, dass es uns noch so gut geht. So fühlt sich Herr C. trotz Schlaganfall und Herzinfarkt immer noch recht wohl im Vergleich zu seiner pflegebedürftigen Ehefrau. Der Gesundheitszustand eines heute 70-Jährigen entspricht im Durchschnitt dem eines 65-Jährigen vor 30 Jahren. Nach dem Austritt aus dem Berufsleben haben wir im Dritten Alter eine ganze Reihe von guten Jahren vor uns, bis dann die Vorboten des Vierten Alters, der Gebrechlichkeit und Abhängigkeit, unüberhörbar anklopfen. Die meisten überschreiten irgendwann jenseits der 80 diese Schwelle und begegnen den „bösen Tage", wie die Bibel sie allegorisch beschreibt:

Denke an deinen Schöpfer in den Tagen deiner Jugend, ehe die bösen Tage kommen und die Jahre sich nahen, von denen du sagen wirst: Sie gefallen mir nicht!

Ehe die Sonne dunkler wird, und das Licht und der Mond und die Sterne und die Wolken nach dem Regen wiederkehren;

An dem Tag, da die Wächter des Hauses zittern [die Arme, E. H.] und die starken Männer sich krümmen [die Beine], die Müllerinnen nicht mehr arbeiten, weil sie zu wenige sind [die Zähne],

die Tore zur Straße geschlossen werden [die Augen]; wenn das Geräusch der Mühle leiser wird [die Ohren] und man beim Zwitschern der Vögel aufsteht, doch alle Lieder schweigen [die Stimme];

wenn man sich fürchtet vor der Anhöhe und vor dem Schrecken am Weg [das Gehen]; der Mandelbaum blüht [das Haar wird grau], die Heuschrecke schleppt sich dahin [die Haltung], die Frucht der Kaper platzt [die Haut], doch der Mensch geht zu seinem ewigen Haus, und die Trauernden ziehen durch die Straßen – ja, ehe der silberne Strick zerreißt, die goldene Schale zerbricht, der Krug an der Quelle zerschellt, das Rad zerbrochen in den Brunnen fällt, der Staub zur Erde zurückkehrt, als das, was er war, und der Atem zu Gott zurückkehrt, der ihn gegeben hat.

(Kohelet 12, 1–7)

Dieses Vierte Alter meint Norberto Bobbio, wenn er den „fröhlichen" Alternswissenschaften vorwirft, zur „Verschleierung der Übel des Greisenalters" beizutragen: „Wenn ich die Lobreden auf das Alter lese, an denen die Literatur aller Zeiten überreich ist, bin ich versucht, das Sprichwort des Erasmus folgendermaßen abzuwandeln: ‚Wer das Alter preist, hat ihm noch nicht ins Gesicht gesehen'."[10]

Auch wenn 80 Prozent der über 85-jährigen Männer fast ohne Hilfe zurechtkommen, ist Pflegebedürftigkeit spätestens seit Einführung der Pflegeversicherung ein anerkanntes allgemeines Lebensrisiko, das uns alle betreffen kann. Damit drohen Immobilität und Abhängigkeit, zwei Einschränkungen, die für Männer in hohem Maße die Identität gefährden. Wo Mobilität einen so hohen Stellenwert hat wie in unserer Gesellschaft, wo Bewegung und Dynamik Grundwerte darstellen, scheinen Immobilität und Stillstand fast schon gleichbedeutend mit Sterben und Tod. Unabhängigkeit war von Kind an unser größtes Bestreben – was waren wir stolz, wenn wir uns wieder einen weiteren Schritt von der Fürsorge der Mutter entfernt hatten. Autonomie wurde verabsolutiert und gleichgesetzt mit Erwachsensein; der Verlust von Selbständigkeit und Kontrolle bedeuten den Verlust des Erwachsenenstatus und des Zentrums männlicher Identität.

Die frühkindliche Sozialisation der meisten Männer fand in einer frauendominierten Alltagswelt statt. Bis zum Ende der Grundschulzeit ist der Alltag von Jungen durch die Mutter, durch Erzieherinnen im Kindergarten, Grundschullehrerinnen bestimmt. In all diesen Bereichen fehlen Männer oder sind unterrepräsentiert – bei den heute alten Männern wohl in noch stärkerem Maße als bei jüngeren. Die Geschlechtsidentität des Jungen bestimmt sich unter anderem durch Negation, durch Abgrenzung von der ersten Person seines Lebens, der Mutter. Männlichkeit vermittelt sich ihm, so die Frauenforscherin Carol Hagemann-White, durch eine „Umweg-Identifikation": Der Junge darf die ihm am nächsten stehende Person, die Mutter, nicht werden, da sie eine Frau, also ein Nicht-Mann ist. Keine Frau zu sein ist die zentrale Aufgabe des Jungen[11]. Und nun schließt sich im hohen Alter der Kreis wieder: „Ein alter pflegebedürftiger Mann fällt gewissermaßen zurück in eine weibliche Welt, in der er wie ein Kleinkind versorgt wird", beschreibt der Schriftsteller und Soziologe Rainer Neutzling diesen Absturz. Mit Mühe war er dieser Welt als Junge entronnen, hatte seine Identität in Abgrenzung zur Frauenwelt entwickelt und ist nun doch wieder auf das reduziert, was er als Mann so nie wieder werden wollte[12]. Deswegen wird Pflegebedürftigkeit in der Regel mehr gefürchtet als das Sterben und häufig noch mehr tabuisiert. Erstaunlich viele alte Leute machen sich keinerlei Gedanken über ihre mögliche Pflegebedürftigkeit.

Auf die Pflege und Versorgung anderer angewiesen zu sein bedeutet außerdem, das für uns alle so wichtige Prinzip der Gegenseitigkeit in eine unauflösbare und kaum aushaltbare Schieflage zu bringen. Wir können mit gutem Gefühl auf Dauer nur empfangen, wenn wir uns irgendwann mit Vergleichbarem revanchieren oder dafür bezahlen können. So wie wir unsere Geburtstagsgeschenke mit ungefähr gleichwertigen Gegengeschenken vergelten und es schlecht aushalten, wenn wir für unser Taschenbuch als Gegengabe mit der dreibändigen Luxusedition beschämt werden, geht es uns auch in der Pflege. So wie Janoschs kranker kleiner Tiger dem ihn versorgenden kleinen Bären verspricht, dass der nächstes Jahr krank sein darf,* können wir nicht die ganze Zeit gepflegt werden ohne die Hoffnung, jemals Gleiches mit Gleichem zu vergelten. Für Männer mit klassischem Rollenkonzept ist dies noch schwerer zu ertragen, waren sie doch, was Versorgung betrifft, ein Eheleben lang immer schon die Empfangenden. Deswegen belegen Untersuchungen, dass es Ehemännern, wie etwa auch Herrn C., häufig besser geht,

---

* „Ich mach dich gesund, sagte der Bär" ist ein nettes alternatives Lehrbuch der Krankenpflege von Kindern, Erwachsenen und Alten.

wenn die Frau krank und pflegebedürftig wird. Wir sollten viel früher beginnen, uns von unserem Autonomie-
ideal – das ja ein Mythos ist, denn kein Mann lebt wirklich autonom – zu verabschieden und lernen, Abhängigkeit als selbstverständlichen Teil des Lebens zu akzeptieren.

Mehr Männer in die Pflege!

Auch wenn in der Ehe aufgrund der Altersunterschiede
und der geringeren Lebenserwartung des Mannes die
Wahrscheinlichkeit, eine pflegebedürftige Ehefrau versor-
gen zu müssen, vergleichsweise gering ist, ist die aktive
Pflege entgegen dem ersten Anschein durchaus ein ge-
wichtiges Männerthema. Zwar beläuft sich der Anteil der
Männer in der häuslichen Pflege auf nur 27 Prozent,
wenn man nur die Hauptpflegepersonen zählt. Deswegen
werden oft nur die Frauen als Pflegende oder als „Pflege-
potenzial"* wahrgenommen und pflegende Männer als
zu vernachlässigende Minderheit übersehen. Nimmt
man aber nicht nur die *Haupt*pflegepersonen, sondern
alle an der häuslichen Pflege Beteiligten insgesamt

---

* In amtlichen Statistiken werden in einer erstaunlich anachronistischen
Sichtweise als „potenziell informell Pflegende" immer noch lediglich die
nichterwerbstätigen Frauen im Alter zwischen 45 und 60 Jahren gezählt.

wahr, dann steigt der Männeranteil auf fast 40 Prozent. Zwei Fünftel aller häuslichen Pflegearrangements werden von Männern mitgetragen. Pflege ist also längst Männersache.

Viele Untersuchungen sprechen dafür, dass Männer mit Pflege grundsätzlich besser zurecht kommen können als Frauen. Die Sozialwissenschaftlerinnen Petra Lambrecht und Maren Bracker haben die Pflegebereitschaft von Männern und Frauen untersucht und eine interessante Gegenüberstellung des jeweiligen Pflegeverständnisses entwickelt:

Vergleich des Pflegeverständnisses
von Männern und Frauen[13]

Frauen	Männer
Die Übernahme von Pflege ist als Aufgabe verinnerlicht, wird gesellschaftlich erwartet und kann daher kaum reflektiert werden.	Pflegeübernahme ist als Aufgabe nicht verinnerlicht, wird nicht erwartet und kann daher reflektiert werden.
Verweigerung der Pflege kann nur schwierig erfolgen, sie ist innerlich kaum vorstellbar und wird gesellschaftlich eher nicht akzeptiert.	Verweigerung der Pflege kann erfolgen und wird gesellschaftlich akzeptiert.
Die zu übernehmenden Pflegeaufgaben sind bekannt.	Die Aufgaben sind häufig neu.

Aufgrund der Selbstverständlichkeit ihrer Leistungen wird ihnen keine Anerkennung gegeben.	Sie erhalten Lob und Anerkennung für ihre Pflegeleistung.
Die Pflege unterliegt ihnen in allen Aufgabenbereichen alleine.	Sie übernehmen eine Reihe eigener Aufgaben, nicht aber alle.
Eine Delegation von Aufgaben unterliegt einer Hemmschwelle. Entlastung ist schwierig.	Eine Delegation von Aufgaben, Entlastung ist möglich.
Sie bekommen nur wenig Hilfsangebote, deren Annahme schwierig für sie ist.	Sie erhalten umfassende Hilfsangebote, deren Annahme für sie kein Problem ist.
Sie können kaum Grenzen hinsichtlich Pflegezumutbarkeit und Belastung setzen.	Sie setzen Grenzen selbst.
Die Wahrnehmung außerhäuslicher Kontakte und die Aufrechterhaltung eigener Interessen sind äußerst schwierig.	Sie können eher außerhäusliche Kontakte und eigene Interessen wahrnehmen.

Männer können einen größeren inneren Abstand wahren, sind weniger durch soziale Werte zur Pflege verpflichtet, setzen ihre Belastungsgrenzen früher, leisten deswegen seltener Schwerstpflege und fällen schneller die Entscheidung für eine Heimunterbringung. Männer tendieren dazu, Pflege als Arbeit zu betrachten, bei der sie die praktische Seite des „Sorgens für" innerlich trennen können vom Betroffensein des „Sich-Sorgens".

Auch wenn Mann und vor allem Frau sich darüber ärgern mögen, dass Männer wieder einmal (wie schon bei der Kinderbetreuung) Lob und Anerkennung für etwas ernten, was von Frauen kommentarlos und selbstverständlich erwartet wird, sollten pflegende Männer und ihre Art zu pflegen viel sichtbarer gemacht werden. Besser als jede noch so gelungene Pflegewerbekampagne kann dies auch andere Männer ermutigen, sich an der Pflege zu beteiligen und pflegenden Frauen die innere Erlaubnis verschaffen, Männer in ihrem Umfeld in Betreuungsaufgaben mit einzubinden. Denn Pflege kann man über längere Zeit in der Regel nicht alleine bewältigen, ohne in eine Situation der Überforderung zu geraten, die schlimmstenfalls bis zur Anwendung von Gewalt führen kann.

Gelingende Pflege von Eltern setzt „filiale" und „parentale" Reife voraus, wie sie von dem Gerontopsychiater Jens Bruder beschrieben wurde. Spätestens im vierten Lebensjahrzehnt sollte die Beziehung zu unseren Eltern eine neue Qualität bekommen und die Kindheit endgültig verabschiedet sein. Aus dem überhöhten Vater, dem ich die Schuld an den Dingen geben konnte, die in meinem

Leben misslungen sind, wird das Gegenüber auf gleicher Augenhöhe, dessen Hilfsbedürftigkeit ich dann eines Tages auch akzeptieren kann. Die Eltern wiederum müssen ebenfalls eine korrespondierende innere Entwicklung durchleben. Auf dieser Basis ist eine positive Zuwendung zu den Eltern im Pflegefall möglich, die Grenzziehungen ohne Schuldgefühle zulässt. Die Pflege alter Eltern kann gerade Söhnen ermöglichen, eine neue Art von Beziehung zum Vater oder zur Mutter zu erleben und kann ihnen ihre verborgene fürsorgliche Seite erschließen. Pflegende Söhne berichten zum Beispiel, dass sich mit ihrer schwer pflegebedürftigen Mutter, wo die Sprache nicht mehr zur Verfügung steht, nochmals ein andere, körperliche Kommunikation und Beziehungsdimension eröffnet. Für beide Beteiligten wird so eine Lebensabrundung möglich, die auf der gewohnten, verbalen Ebene nicht denkbar gewesen wäre.

Wer rastet, rostet

Wir können Gebrechlichkeit und Pflege nicht vermeiden, aber wir können, wie in jedem Lebensalter, etwas für unsere Gesundheit und Gesunderhaltung tun. Es gibt inzwischen eine Fülle von Untersuchungen, die eindeutig nachweisen, dass ausreichende Bewegung und sportliche

Betätigung Alterungsprozesse verlangsamen helfen, die Muskelkraft signifikant stärken, präventiv gegen viele Krankheiten wirken, die Neubildung von Zellen fördern und damit selbst geistige Abbauprozesse verlangsamen. Männer jeden Alters begeistern sich mehrheitlich für Sport und brauchen ihn sogar dringend, ob nun aktiv oder passiv. Denn die meisten Männer wollen ihren Körper kraftvoll erleben, was Teil ihrer Identität ist und nicht zuletzt Unterschiede zwischen Frauen und Männern markiert. Gerade deswegen kann der Sport dann, wenn die körperliche Identität in Frage gerät, mit zunehmendem Alter an Bedeutung zunehmen. Die medizinischen Vorsorgeempfehlungen für fast alle Krankheiten im Alter, die ja meist schon lange unsere Wegbegleiter waren, sind schlicht und fast immer die gleichen: ausgewogene und gesunde Ernährung, vernünftige körperliche Aktivität, wenig Stress, ausreichend Schlaf, maßvoller Alkoholgenuss, kein Nikotin und andere Suchtmittel – kurzum: Verboten ist alles, was einen richtigen Mann ausmacht.* Oder wie Francois Rochefoucauld im 17. Jahrhundert schon klagte: „Das Alter ist ein Tyrann, der bei Lebensstrafe alle Vergnügungen der Jugend verbietet."

---

* Kennen Sie übrigens den schon? Wie haben Sie es bloß geschafft, so alt zu werden? – Habe täglich sechzig Zigaretten geraucht, zwei bis drei Flaschen Wein getrunken, nur Fettiges gegessen und niemals Sport betrieben. – Und wie alt sind Sie heute? – Neunundzwanzig.

Die Lust an der Bewegung und die Freude am eigenen Körper, der früher oft so lieblos benutzt wurde und nun, wo er einen sorgsameren Umgang einfordert, zu einem umso geschätzteren Gesellen werden kann, können allerdings auch zur Flucht in den Körperkult ausarten. Fitnessstudios können hilfreich sein, um körperliche Kraft und einen aufrechten Gang zu erhalten, sie können aber auch unerbittliche Folterkammern sein, wo alternde Männer ihren natürlichen Abbau, das Weich- und Schlaffwerden verbissen bekämpfen, um jeden Preis ihre Jugend und Attraktivität konservieren wollen. Marathonlaufen, in unserer Jugend noch weltweit das Privileg einiger weniger, eher exotischer Olympioniken, ist heute so normal und verbreitet wie die Volkslaufbewegung der siebziger Jahre. Männer jenseits der fünfzig halten wie selbstverständlich mit den Jungen mit und gehören noch keineswegs zum alten Eisen.

Aber es gibt auch die anderen, die den Eindruck erwecken, als ob sie dem Altern und dem Tod davonlaufen wollten. Vielleicht ist es aber auch nicht der Tod, sondern die Ehefrau, vor der der Mann im Fitnessstudio seine Ruhe sucht – und ein legitimes Alibi angesichts ihrer (kommunikativen) Ansprüche. Der Schriftsteller Gerhard Köpf lässt seinen alten Herrn räsonieren: „Männer in unserem Alter setzen sich eine Baseball-Kappe verkehrt herum auf den Kopf, ziehen sich knappe Höschen an, um als Inline-Skater junge Frauen zu beeindrucken: gepanzert an sämtlichen Gelenken, in der Tasche die Handynummer des Orthopäden. Ich beobachte Greise auf Rennrädern: behelmt wie Hindenburg vor der Schlacht von Tannenberg."[14] Und ich finde, dass ein kraftstrotzender Alter auch etwas Obszönes haben kann. Der Gesundheitspädagoge Joachim Keding nennt solche Männer „lebende Mahnmale", die jung getrimmt dem Mythos der Jugendlichkeit erliegen und damit letztlich auch den Jüngeren das Altwerden vergällen[15]. Dabei könnte man es sich doch so leicht machen wie jener lebensfrohe Mullah:

Drei befreundete alte Männer saßen zusammen und sprachen von den Freuden der Jugend und der Last des Alters. „Ach", stöhnte der eine, „meine Glieder wollen nicht mehr, wie ich will. Was bin ich doch früher gelaufen, wie ein Windhund, und jetzt lassen mich meine Beine so im Stich, daß ich kaum mehr einen Fuß vor den anderen setzen kann." „Du hast recht", pflichtete ihm der zweite bei. „Ich habe das Gefühl, meine jugendlichen Kräfte sind versickert wie das Wasser in der Wüste. Die Zeiten haben sich geändert, und zwischen den Mühlsteinen der Zeit haben wir uns geändert." Der dritte, ein Mullah, ein Laienprediger, kaum weniger klapprig als seine Gefährten, schüttelte den Kopf: „Ich verstehe euch nicht, liebe Freunde. Ich kenne das alles von mir nicht, worüber ihr klagt. Ich bin genauso kräftig wie vor vierzig Jahren." Das wollten ihm die anderen nicht glauben. „Doch, doch", ereiferte sich der Mullah. „Den Beweis dafür habe ich erst gestern erbracht. Bei mir im Schlafgemach steht schon seit Menschengedenken ein schwerer eichener Schrank. Vor vierzig Jahren hatte ich versucht, diesen Schrank zu heben, aber was glaubt ihr, Freunde, was geschah? Ich konnte den Schrank nicht heben. Gestern kam mir die Idee, ich solle einmal den Schrank anheben. Ich versuchte es mit allen Kräften, aber wieder schaffte ich es nicht. Damit ist doch eines klar bewiesen: Ich bin genauso kräftig wie vor vierzig Jahren."[16]

Entfalten statt liften!

„Anti-Aging" ist der derzeitige Modebegriff für die Verabsolutierung des Körperlichen. Ein in sich widersprüchlicher Begriff, der als ein doppelt negativer Ausdruck seine Absurdität und Unattraktivität bereits in sich trägt. Anti-Aging ist die moderne Version des uralten Menschheitstraums vom ewigen Leben. Getreu der Legende vom „Jungbrunnen" (die uns etwa schon im Alten Testament begegnet) und unter Hinzuziehung neuester Erkentnisse

114

aus Gentechnik und Biomedizin verspricht man uns nicht nur ein Lebensende bei bester Gesundheit, sondern auch eine Lebensspanne über die 120 oder sogar 150 Jahre hinaus. Auch der Begriff des „erfolgreichen Alterns", ein Konzept der Gerontologie, suggeriert letztlich Ähnliches, als müsse man sich nur genügend anstrengen, um den Tod „erfolgreich" zu besiegen. Genau betrachtet ist der Anti-Aging-Markt ein gigantischer Medizinmarkt, wo man einer zahlungskräftigen Generation mit einer Fülle von Placebos und zweifelhaften bis schädlichen Methoden wie etwa der Hormontherapie das ewige Leben verkaufen will. Jemand hat dieses aggressive Marktgeschehen einmal zutreffend als „Altersgesundheitsterrorismus" etikettiert.

Wo der Körperkult verabsolutiert wird und seinen Schwestertugenden, dem Ausspannen, der Kontemplation, der Muße – letztlich dem Ja zum Altern – keinen Raum gewährt, wird er ein Sich-Abstrampeln im Hamsterrad. Die Angst vor dem Alter, vor dem Zerfall, führt zu einem von vornherein nicht zu gewinnenden Wettlauf, an dessen Ziellinie der Absturz droht. Die Konfrontation mit dem anderen Alter, den Schattenseiten, wird umso brutaler, je mehr wir sie zu verdrängen suchten. Denn welcher Halt, welcher Sinn bleiben mir, wenn mein Körper als die vergötterte Identitätssäule zusammenbricht?

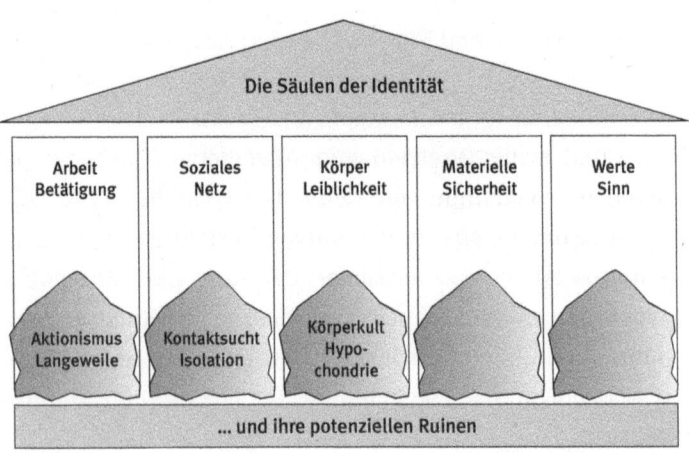

Die Säulen der Identität

| Arbeit Betätigung | Soziales Netz | Körper Leiblichkeit | Materielle Sicherheit | Werte Sinn |

Aktionismus Langeweile | Kontaktsucht Isolation | Körperkult Hypo- chondrie

... und ihre potenziellen Ruinen

Die andere Überhöhung der Leiblichkeit führt in die Krankheit. Körperkult und Anti-Aging sind gespeist von der Angst vor dem Abbau und unterscheiden sich letztlich von ihrem Gegenpol, der Hypochondrie, nur wenig. Hier wie dort stehen die ängstliche Beobachtung und übersteigerte Thematisierung des Körpers im Vordergrund und drängen alle anderen Lebensthemen in den Hintergrund. Wenn einer „seinem Überleben mehr Aufmerksamkeit widmet als seinem Leben, fängt es an, für seine Freunde beschwerlich zu werden, die ihren Weg zum Friedhof nicht mit gleicher Sorgfalt pflegen wollen" warnt der Publizist Johannes Groß. Der Körper und seine Pflege entwickeln sich zum zentralen Lebensinhalt, neben dem alles andere bedeutungslos wird. Was die (Hyper-)Aktivität des Anti-Aging-Jüngers, ist beim Hypochonder die Passivität. Wo der eine aufgrund seiner ungebrochenen Jugend noch überall mitkann und -muss, ist der andere aufgrund seiner Vielzahl von Altersgebrechen zu Stillstand und Lethargie verdammt. Die Krankheit wird zur Ausrede und Flucht vor der aktiven Gestaltung eines sinnerfüllten Alters und legitimiert Rückzug und Passivität. Wenn die anderen Säulen der Identität verloren gehen, dann bleibt zuletzt noch der Körper mit seinen Signalen und Bedürfnissen, die einen immer größeren Raum einnehmen.

Der andere Umgang mit dem Körper

Lassen Sie uns abschließend nochmals einen Blick auf die beiden Schwestertugenden werfen, um die es bei der Identitätssäule der Leiblichkeit geht: Der Freude am Körper, der uns trotz altersbedingter Einschränkungen nicht im Stich lässt, muss das Ja zum Altern beigefügt sein, das die physiologischen Gesetze des Lebens akzeptiert. Nicht mehr zu können ist zunächst einmal schmerzlich, beschert uns aber, wie jeder Verlust, immer auch einen Gewinn: Jetzt bin ich sichtlich zu alt, nun muss ich nicht mehr. Kann aus dem männlichen Konkurrenzspiel aussteigen, es mir im Lehnstuhl gemütlich machen und den

Jungen bei ihrem Gerangel und Gebalze genüsslich zu-
schauen. Jenseits eines bestimmten Alters wird uns dieses Recht zugebilligt, wird das Weitermachen zwar einerseits als bemerkenswert verbucht, aber gleichzeitig wird
der 80-jährige Marathonläufer mit ambivalenten Gefühlen
als eigentlich unschicklich wahrgenommen. So paradox
es klingt: Gerade die körperliche Einschränkung kann
eine neue späte Freiheit bringen. Und wo wir ein Leben
lang mit dem Körper eher distanziert, als einer Maschine,
die gefälligst zu funktionieren hat, umgegangen sind,
kann er uns beim Älterwerden zu einer bislang unbe-
kannten, liebevolleren Zuwendung verführen. Statt einer
lästigen Reparaturmentalität fangen wir an, etwas vom
Geist des alten Kultbuchs von Pirsig „Zen und die Kunst,
ein Motorrad zu warten" auf uns und unseren Körper zu
übertragen. Unser alternder Leib, der „unsichere Geselle",
wie ihn Meinolf Peters bezeichnet, wird ein neuer Partner
im Alter.

Wie alle anderen Säulen der Identität erfordert auch die
der Leiblichkeit nicht erst eine Beachtung im Alter, sondern eine lebenslange fürsorgliche Zuwendung. Fragen,
die man sich hierzu selbst stellen kann, lauten etwa:

- Wie gehen wir mit unserem Leib, als dem zentralen Sitz
  unserer Identität um?

- Wie bewusst oder unbewusst, wie bewahrend oder zerstörerisch beachten wir unsere leiblichen Bedürfnisse?
- Welchen Stellenwert hat die Ernährung? Wo hat das Genießen seinen Platz?
- Stehen Bewegung und Aktivität zu Entspannung und Schlaf in einem ausgewogenen Verhältnis?
- Gebe ich meinem Körper die nötige Zuwendung und Pflege, kleide ich mich mit der nötigen Sorgfalt?
- Kann ich meine Wünsche nach Berührung, Zärtlichkeit und Sexualität leben?

IV. Generationenvertrag oder Generationenbetrug?

> Wer im 20. Jahr nicht schön,
> im 30. nicht stark,
> im 40. nicht klug,
> im 50. nicht reich ist,
> der darf danach nicht hoffen.
>
> *Martin Luther*

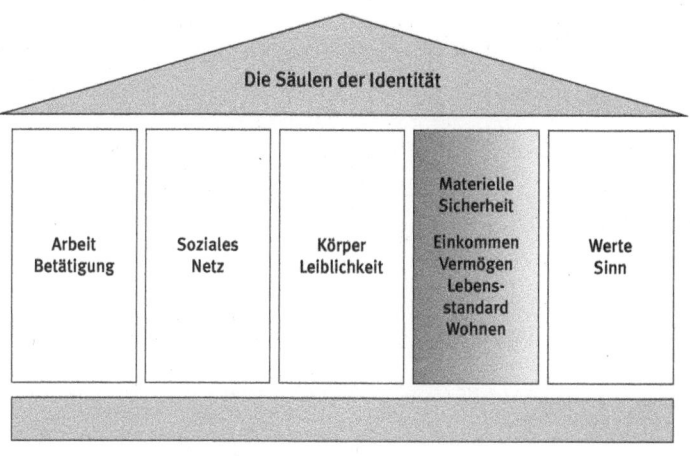

Die Säulen der Identität

| Arbeit Betätigung | Soziales Netz | Körper Leiblichkeit | Materielle Sicherheit Einkommen Vermögen Lebensstandard Wohnen | Werte Sinn |

Herr D., 70, wohnt in einer kleinen, etwas unaufge-räumten und verrauchten städtischen Zweizimmerwoh-nung. Er sei seit drei Wochen krank und habe nicht putzen können, entschuldigt er den Zustand seiner

Wohnung. Ein klassisches Buffet mit einigen Gläsern und Büchern, eine Heimorgel, ein Schachbrett mit silbernen Figuren und einige Pferdebilder zieren das bescheidene Wohnzimmer. Herr D. ist ein kleiner, kräftiger Siebzigjähriger mit einem Kugelbauch, einem freundlichen Gesicht mit Lachfalten und einem etwas mühsamen Gang. Ein künstliches Hüftgelenk sei schon seit langem fällig, irgendein Virus habe ihn schon zehn Kilogramm abnehmen lassen. Sein ostpreußischer Dialekt wird nur gelegentlich von ein paar schwäbischen Begriffen eingetrübt.

1936 in Ostpreußen geboren, wuchs Herr D. als Einzelkind auf dem Land auf. Seine Eltern hatten ein so genanntes „Deputat", arbeiteten als Selbstversorger auf einem Gut und wurden vorwiegend in Naturalien entlohnt. Seinen leiblichen Vater kennt Herr D. nicht; sein Stiefvater ist in Russland gefallen. 1943 flüchtete seine Mutter mit ihm und der Großmutter nach Westen, sie wurden von der russischen Front überrollt und er befand sich als Zehnjähriger vier Wochen direkt zwischen den Fronten, wo er viel Schlimmes gesehen habe. Schließlich kam er an die Ostsee, wo er bis 1950 in die Schule ging. Danach machte er eine Kellnerlehre, um seinen Traumberuf, zur See zu fahren, zu verwirklichen und ist auch einmal als Steward übers Mittelmeer gefahren.

Im Zuge einer großen Flüchtlings-Umsiedlungsaktion nahm seine Mutter 1953 den einzigen Sohn mit nach Süddeutschland. Da es seinerzeit kaum Arbeitsplätze in der Gastronomie gab, hatte Herr D. wechselnde Tätigkeiten und Lebensorte im Süden Deutschlands: als Arbeiter in einer Schwarzwälder Uhrenfabrik, als Speditionsfahrer, als Metallarbeiter. Seit 25 Jahren lebt er nun in dieser Stadt, hat zwölf Jahre auf dem Bau gearbeitet, unter anderem als Kranführer, und die 13 letzten Berufsjahre in einer Öltankfirma. Seit über 40 Jahren ist Herr D. geschieden, seine beiden Töchter, zu denen er keinen Kontakt hat, leben in Berlin, sein Sohn ist vor einigen Jahren gestorben.

Seit dem Alter von 63 bezieht er Rente, die gerade mal so reiche (900 Euro, von denen 300 für die Miete abgehen). Er ist viel mit seiner Freundin zusammen, die in der Nachbarschaft wohnt, bei ihr isst er zu Abend und sieht fern. Im Großen und Ganzen gammele er so rum, bei schönem Wetter fahre er mit seinem kleinen Motorroller, der ein bisschen schneller als erlaubt sei, durch die Gegend. Früher habe er viel fotografiert, sei Mitglied in einem Kegelclub gewesen, habe Orgel gespielt, spiele auch gerne Schach, das sei aber alles Vergangenheit. Noch früher habe er Turniere geritten und Hunde abgerichtet, ein paar Jahre habe er auch geboxt. Er habe

123

viele Freunde, mit denen er allerdings nichts unternehme, lediglich Skat würde er gelegentlich spielen.

Ich frage Herrn D., ob er noch Pläne hat. Wenn er eine Million im Lotto gewönne, sagt er, würde er eine große Weltreise auf der „Queen Elizabeth" machen. Urlaub habe er sich abgeschminkt, dafür würde das Geld nicht reichen, aber nach Kiel, zum Ehrenmal der Deutschen Marine, würde er schon gerne einmal fahren. Im Übrigen warte er, bis seine Uhr abgelaufen sei. Über eine Zeit möglicher Pflegebedürftigkeit habe er sich noch keine Gedanken gemacht, könne sich aber gut vorstellen, ins nahe gelegene Pflegeheim zu gehen, wo er jetzt schon bei allen Festen dabei sei.

Ob er alt sei? Ja, in der letzten Zeit schon. Er könne sich nicht mehr so recht bewegen, der Altersverschleiß sei nicht zu übersehen. Früher habe er mühelos 60-Kilogramm-Säcke getragen, heute würde ihm schon ein 40-Kilo-Sack Blumenerde Mühe machen. Sein Rat für die Jugend zum Thema „Altern": So viel wie möglich Sport treiben. Das Wichtigste im Alter sei im Übrigen, nicht zu streiten.

„Alt und arm" waren über Jahrhunderte hinweg untrennbare Zwillingsbegriffe. Auch heute noch werden die Armen, Kranken und Alten im Fürbittgebet gelegentlich in einem Atemzug genannt, obwohl nur eine Minderheit im Alter von Krankheit oder Armut belastet ist. Derzeit lebt die reichste Altengeneration aller Zeiten, die über knapp ein Viertel des gesamten Kapital- und Grundvermögens verfügt und eine Erbmasse von über 1,5 Billionen Euro zu vergeben hat. Nie zuvor und mutmaßlich nie wieder wird es so viel Alterseinkommen und Vermögen in den Händen der aus dem Berufsleben Ausgeschiedenen geben. Industrie und Werbebranche haben längst schon die „Silver-Consumers", „Best-Agers" oder wie sie auch immer tituliert werden, als kaufkräftige Zielgruppe für sich entdeckt.

Die Kriegsgeneration, die um ihre Jugend betrogen wurde und in der Wiederaufbauphase auf vieles verzichtete, kann im Alter manches nachholen. Mann kann und darf sich im Alter endlich den Traum vom eigentlich „unvernünftigen" Auto erfüllen; kann die Himalaya-Expedition wagen; das kostspielige Hobby pflegen. Der Seniorenteller, der ja immer noch den Alten unterstellt, sie seien ebenso schlecht bei Kasse wie Schüler und Studenten, ist für diese gut gestellten Älteren überflüssig. Der Seniorenpass bei der Bahn und andere Preisermäßigungen für Rentner werden alten Leuten gewährt, die in ihrer Mehrheit keinerlei Subventionsbedarf haben. Altersarmut,

Mitte des 20. Jahrhunderts noch ein sozialpolitisch rele-
vantes Thema, ist derzeit – verglichen mit anderen Bevölkerungsgruppen, wie etwa Einelternfamilien – kein gro-
ßes Thema mehr.

Seniorenresidenz oder Bürgerspital?

Dennoch gibt es Altersarmut nach wie vor – bei Frauen
im Übrigen häufiger als bei Männern. Eine Problematik,
die durch die gegenwärtigen sozialpolitischen Weichen-
stellungen, durch die insgesamt wachsende Kluft zwischen arm und reich in unserer Gesellschaft massiv zunehmen wird. Die Dauerarbeitslosen, die (Schein-) Selb-
ständigen, die rasch zunehmende Zahl von Jungen in pre-
kären Arbeitsverhältnissen und ohne Aussicht auf eine
Daueranstellung, die Bildungsverlierer ohne reale Er-
werbschance, die viel zu früh aus dem Berufsleben Aus-
sortierten und alle anderen, die den physischen und psychischen Belastungen nicht mehr standhalten können: Sie
alle verfügen nicht über eine Grundlage für eine ausreichende Altersversorgung. Und spätestens 2035, so die
Schätzungen, werden die Durchschnittsrenten auf Sozial-
hilfeniveau abgesunken sein. Der regierungsamtliche Rat,
angesichts dieser drohenden Altersarmut vermehrt pri-
vate Vorsorge zu treffen, muss immer mehr Bevölke-

rungsgruppen als schlechter Witz erscheinen – von welchem Einkommen sollen sie die Mittel zur Zusatzversicherung abknapsen? Zwar kann am Ende des Lebens keiner etwas mitnehmen, aber das Ende kommt für die einen deutlich früher als für die anderen: Arme sterben im Durchschnitt etwa acht Jahre früher als Reiche.

Die Angst, im Alter zu verarmen, ist darum für viele Alte kein unbegründeter Wahn, sondern eine reale Perspektive. Herrn D. reicht es mit dem Lohn von 49 Berufsjahren, einer Rente von 900 Euro im Monat, gerade mal für seine gelegentlichen Tagesausflüge mit dem Zweirad; seinen Traum von einer Reise zum Marinedenkmal wird er wahrscheinlich nie finanzieren können. Die Spaltung unserer Gesellschaft zeigt sich auch im Alter: Während die einen ihre Nachkommen großzügig alimentieren können, sind die anderen auf die Unterstützung ihrer Kinder angewiesen; wo die einen als Seniorenexperten nach Fernost reisen, müssen sich die anderen mit den Seniorenreisen für den kleinen Geldbeutel, wie zum Beispiel Verkaufsfahrten, begnügen; die einen gönnen sich einen gepflegten Lebensstil in der Seniorenresidenz, die anderen werden im Bürgerspital aufbewahrt.

Die verborgene Armut, die Scham, beim Sozialamt als Bittsteller vorzusprechen, ist vor allem ein Thema der Alten. Trotz Pflegeversicherung ist die Hälfte aller in Heimen Lebenden nach wie vor auf Sozialhilfe angewiesen. Oft haben sie ihr Leben lang etwas fürs Alter beiseite gelegt, um dann mit ansehen zu müssen, wie ihr vermeintlich gutes finanzielles Polster bereits nach ein bis zwei Jahren Heimaufenthalt aufgezehrt ist. Es ist eine große Kränkung, trotz lebenslangen Sparens am Ende doch auf staatliche Almosen angewiesen zu sein. Und Altersarmut ist im Gegensatz zur Armut jüngerer Menschen endgültig, sich verschärfend und ohne jede Aussicht auf Verbesserung.

Es gibt jedoch auch eine Angst mit wahnhaften Zügen, trotz bester Rentenbezüge und Vermögensabsicherung im Alter zu verarmen.* Auch wenn man die Überzeugung von Erich Schützendorf nicht teilen mag: „Die Menschen werden im Alter nicht anders, sondern nur schlimmer"[1], kann man doch beobachten, dass sich zumindest Charakterzüge stärker herausbilden. Wer etwa regelmäßig öffentliche Verkehrsmittel benutzt, kann sich immer wieder

---

* An dieser Stelle sei auch auf eine andere Realitätsverkennung hingewiesen, das sogenannte „Furcht-Viktimisierungs-Paradox", wonach Ältere der Überzeugung sind, besonders häufig Opfer von Gewalttaten, wie etwa dem allgegenwärtigen Handtaschenraub zu werden. Das Gegenteil ist richtig: Während Gewalterfahrungen im öffentlichen Raum bei den 20- bis 30-Jährigen bei über 50 Prozent liegen, sinken sie bei den über 70-Jährigen auf unter 30 Prozent (4. Altenbericht 2002, S. 134).

aufs Neue wundern, mit welchem Nachdruck manche darum kämpfen, beim Einsteigen nicht zu kurz zu kommen. Wer ein Leben lang sparsam oder gar geizig war, wird in der Regel im Alter nicht zum großzügigen Lebemann; sein lebenslanges Gefühl, zu wenig abbekommen zu haben, wird ihn in seinen alten Tagen womöglich noch mehr beherrschen. Der Ältere, so die Deutung von Meinolf Peters, verteidigt „seinen Besitz und sein Territorium gegen das hereinbrechende Alter, gegen ein gefürchtetes Siechtum und gegen den Tod. Das Streben nach Besitztum, das Festhalten an Gegenständen und das Anhäufen von Erinnerungsstücken, wie es für Ältere typisch ist, dient dazu, die Kontinuität des Lebens aufrechtzuerhalten und die Spuren des eigenen Lebens zu sichern."[2]

Die Kreise im Alter werden kleiner, die unmittelbare Umwelt wird bedeutsamer. Das Leben reduziert sich immer mehr auf die eigenen vier Wände: Die Wohnung und ihre mit zahlreichen Erinnerungen verbundenen Gegenstände werden zum Mikrokosmos des Alters. Die Wohnung spiegelt die Gewohnheiten. Wo die Welt da draußen fremd und unverständlich geworden ist, ist hier die Identität, die eigene Lebensgeschichte, die Vergangenheit repräsentiert, kann das Bedürfnis nach Kontrolle in den eigenen vier Wänden noch aufrechterhalten werden. Unser Einkommen, unser Vermögen, unsere Wohnverhältnisse, unser

Lebensstandard, unsere Konsummöglichkeiten und die uns umgebende Lebenswelt geben uns Sicherheit und Identität, drücken aus, was und wer wir sind. Die Flucht in den Materialismus versucht einerseits, den Selbstwert über die äußere Fassade zu inszenieren und glaubt andererseits, das Leben mit seinen Risiken auf dem Weg einer maximalen Absicherung meistern zu können.

Materieller Besitz und Reichtum versprechen den Weg zur Unsterblichkeit, den vermeintlichen Schutz gegen den Tod. Gegen die möglichen und phantasierten Wechselfälle des Lebens sollen Lebensversicherungen aller Art schützen. Sie ersticken jedoch letztlich das Leben, denn wo ab-

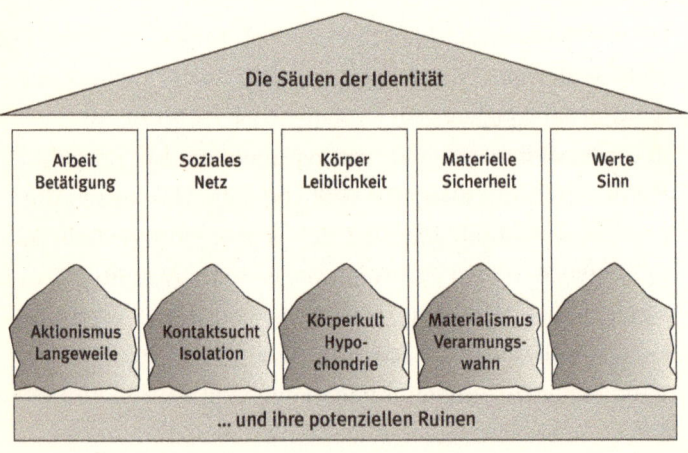

Die Säulen der Identität

Arbeit Betätigung	Soziales Netz	Körper Leiblichkeit	Materielle Sicherheit	Werte Sinn
Aktionismus Langeweile	Kontaktsucht Isolation	Körperkult Hypochondrie	Materialismus Verarmungswahn	

... und ihre potenziellen Ruinen

solute Sicherheit herrscht, gibt es kein Leben mehr. Wenn Sicherheit und Identität so sehr vom Materiellen abhängen, ist die Angst vor Verarmung nicht weit, die von der objektiven Lebenslage losgelöste Angst, nicht mehr über das zum (Über-)Leben Notwendige zu verfügen. Was für ein armseliger Mensch werde ich sein, wenn meine Fassade abbröckelt, in die ich all meine bisherige Lebensenergie gesteckt habe?

Während man der Kriegsgeneration einen Nachholbedarf zubilligt, fragt man sich allerdings, mit welchem Recht die nach dem Krieg Geborenen und jetzt ins Rentenalter Kommenden meinen, sich endlich noch einmal etwas gönnen, die Rente auf den Putz hauen zu müssen. Ist es doch eine Generation, die ohne Krieg aufwuchs, eingebettet in Wachstum, Wohlstand und eine nie gekannte soziale Sicherung. Hatten sie zeitlebens nicht schon mehr, als sich der überwiegende Teil der Menschheit auch nur zu erträumen wagt? Und nun verjubeln sie das Erbe ihrer Kinder mit Flügen in alle Welt, erleben als „neue Alte" ihre zweite Jugend, während sich immer größere Teile der Jugend um ihre erste betrogen sehen. Vergessen wir nicht, was die Ethnologin Margret Mead uns ins Stammbuch geschrieben hat: „Wir Alten sind Einwanderer in die Welt, in der die Jungen Eingeborene sind."

Droht uns ein Generationenkrieg?

Der Generationenvertrag, mit dem seit Bismarck die Versorgung der Alten durch die aktuellen Einzahlungen der jeweils Berufstätigen sichergestellt wird,* müsste längst schon wegen doppelter Sittenwidrigkeit außer Kraft gesetzt sein. Ursprünglich als Teilrente für über 70-jährige konzipiert, wurde die Altersgrenze erst 1916 auf 65 gesenkt, was gerade einmal fünf Prozent der Bevölkerung betraf. Unter dem Vorzeichen weitgehender demografischer Stabilität wurde ein Unterstützungsvertrag eingeführt für eine sehr kleine Gruppe Bedürftiger, mit einer überschaubaren weiteren Lebenserwartung und lediglich zur Ergänzung des Erwerbseinkommens, finanziert durch eine große und weiter wachsende Gruppe Beitragspflichtiger. Unter diesen Bedingungen ließ sich gut von Solidarität mit den Alten reden.

Und was ist heute Vertragsgrundlage? Der Generationenvertrag gilt für eine sechsmal größere Gruppe von Rentenbeziehern mit einer weiteren Lebenserwartung von

---

* Nein, Sie haben nicht Ihre eigene Rente angespart, wie oft behauptet wird. Die so genannte Mackenroth-These belegt die volkswirtschaftliche Tatsache, dass aller Sozialaufwand – gleichgültig ob Rentenzahlungen oder Lebensversicherungen – immer nur aus dem Sozialprodukt ein und derselben Periode bestritten werden kann.

durchschnittlich zwanzig Jahren zur Gewährleistung eines vollen und angemessenen Alterseinkommens, getragen durch eine immer kleiner werdende Gruppe Beitragspflichtiger (auf einen Rentenbezieher kommen heute nicht einmal mehr zwei Rentenbeitragszahler gegenüber früher zehn). Das heißt, wir stehen heute vor einer Situation, die sich die damaligen Vertragspartner (wenn es sie denn gegeben hätte) in ihren kühnsten Phantasien nicht hätten ausmalen können. Der vor einhundert Jahren stabile, überschaubare und leicht finanzierbare Generationenvertrag hat alle seine vertraglichen Grundlagen verloren. Bei einer linearen Fortschreibung des gegenwärtigen Systems droht bis 2030 bei gleichem Beitragssatz eine Halbierung der Rentenleistungen oder bei gleichen Leistungen eine Verdoppelung der Beitragssätze.

„Der Generationenvertrag wird den Jungen wie ein Kettenbrief vorkommen. Die Früheinsteiger sahnen ab und die Späteinsteiger verlieren ihren Einsatz", warnt der Sozialpädagoge Albrecht Müller-Schöll, anderswo liest man von „Alterslüge" und „Generationenbetrug". Der Soziologe und Theologe Reimer Gronemeyer sieht „ökologische Kriegsverbrecherprozesse" auf uns zukommen, wo wir doch unseren Kindern eine Welt hinterlassen, deren natürliche Grundlagen wir irreparabel zugrunde gewirtschaftet haben; die Armen dieser Erde können life im

Fernsehen verfolgen, wie wir Reichen Tag für Tag zwei Drittel der Ressourcen dieser Erde verbrauchen und verschwenden.

Droht uns ein Krieg der Generationen? Wahrscheinlich wird es ihn so bald nicht geben, den Kampf der Jungen gegen die Alten. Zu vielfältig sind die Verwerfungen, Gegensätze, Brüche innerhalb der Generationen, um hier gemeinsame Interessenlagen, die im Konfliktfall zu Fronten werden könnten, zu formieren. Denkt man zurück an die harten Generationenkonflikte Ende der sechziger Jahre, so lässt sich das heutige Zusammenleben der Generationen, obgleich niemals zuvor derart unterschiedlich geprägte Generationen miteinander lebten, nicht anders als harmonisch bezeichnen.

Eine größere Beißhemmung werden uns zudem unsere Generationenbande auferlegen: Während sich die Alten über ihre eigenen Erinnerungen den Jungen verbunden fühlen, wissen diese, dass sich alle Aggressionen gegen jene letztlich eines Tages gegen sie selbst richten würden. Im Übrigen sind Generationenkonflikte so alt wie die Menschheit, wie ich in der „Urfassung" eines Grimmschen Märchens entdecken konnte:

Es war einmal eine Familie, die war aufgrund von wirtschaftlichem Strukturwandel, Massenarbeitslosigkeit und Sozialstaatsabbau in schwere Not und Armut geraten. Vater und Mutter wussten sich keinen anderen Rat, als ihre beiden Kinder im Wald auszusetzen und ihr Leben dem Schicksal anzuvertrauen. Die Kinder stießen endlich auf das Häuschen einer alten, an den Rand der Gesellschaft gedrängten Frau. Diese hatte in ihrem Altersverarmungswahn große Lebensmittelvorräte gehortet und diese rund um ihr Haus aufgeschichtet. Als die hungernden Kinder diese Vorräte anknabberten und die sehbehinderte Frau fragte, wer denn an ihrem Häuschen knuspere, logen die Kinder ihr etwas vom Wind, dem himmlischen Kind vor. Dennoch nahm die gute alte Frau die beiden bei sich auf. Sie versuchte, den unterernährten Knaben aufzupäppeln, doch der undankbare Junge weigerte sich, ausreichend zu essen. So musste sie ihn endlich einsperren und zu einer vernünftigen Ernährung zwingen. Das Mädchen, dem sie eine hauswirtschaftliche Lehre angedeihen lassen wollte, war gleichermaßen verstockt und arbeitsscheu. Als die gebrechliche Alte das Mädchen einmal darum bat, nach dem Ofen zu sehen, stieß die undankbare Göre ihre gütige Pflegemutter in den Ofen, so dass sie elendiglich verbrennen musste. Die Kinder waren ohne Reue, plünderten alle Schätze der guten Frau und zogen fröhlich nach Hause. Dort wurden sie für ihren Bei-

trag zur Verringerung der Alterslast gelobt, verprassten mit ihrem Vater die Beute und schmiedeten Pläne für die nächste intergenerative Vermögensumverteilung.

Bei genauem Hinsehen verschleiern die Diskussionen um den Generationenkrieg die beiden großen und ungelösten alten sozialen Fragen: Zum einen nehmen die Gegensätze zwischen arm und reich, zwischen Habenden und Nichthabenden, zwischen Arbeitsplatzinhabern und -nichtinhabern, zwischen der reichen alten Welt und der jungen armen Welt zu (das Durchschnittsalter in Afrika liegt derzeit bei rund 15 Jahren). Zum anderen ist die Geschlechterfrage in kaum einem anderen gesellschaftlichen Teilbereich bestimmender als im Alter und den damit verbundenen Dienstleistungen. Über Alter und Altenhilfe reden, heißt über Frauen reden. Wenn das Alter männlich wäre, wenn die Geschlechterverhältnisse umgekehrt und vier Fünftel der Pflegebedürftigen, ob zu Hause oder in den Heimen, Männer wären, wenn Altenpflege ein Männerberuf wäre – es stünde zweifellos besser um unsere Versorgung im Alter. Beim Kriegsgeschrei um Generationengerechtigkeit scheint es – ob bewusst oder unbeabsichtigt – weniger um soziale Gerechtigkeit zwischen den Generationen als vielmehr um eine ideologische Wegbereitung für den Abbau sozialer Sicherung und eine zunehmende Verteilungsungerechtigkeit zu gehen. Das Thema ist also sehr differenziert zu betrachten. Neben vielen Formen von „Ageism", von offener und versteckter Altersdiskriminierung, mehren sich die Anzeichen für eine heraufziehende Geronto-Plutokratie, einer Herrschaft der alten, reichen Männer. Denn trotz zunehmender Geschlechterparität sind die Schaltstellen der Macht nach wie vor je höher, desto männlicher besetzt und die Reichen und Mächtigen altern in ihrem Selbstverständnis und in der gesellschaftlichen Zuschreibung erst viel später.

Es ist schon später als du denkst!*

Wenn es auch keinen Krieg der Generationen geben mag, ist dennoch eine zunehmende Entfremdung der Generationen feststellbar, ein Auseinanderfallen der Lebenswelten von jung und alt. Dabei muss man nicht unbedingt an die Seniorenreservate am Alpenrand, in den Kurbädern oder in manchen Regionen Ostdeutschlands denken. Zur Trennung zwischen den Generationen tragen zum Beispiel Seniorenpässe im öffentlichen Nahverkehr bei, die den Alten Strafgebühren auferlegen, wenn sie zu den Hauptverkehrszeiten der Jungen fahren, oder der missbil-

---

* Alter chinesischer Gruß der Alten an die Jungen.

ligende Blick für die alte Frau, die ausgerechnet kurz vor Ladenschluss den Betrieb an der Supermarktkasse aufhalten muss. Befragt man daher die Alten über ihre Meinung zu den Jungen oder umgekehrt die Jungen zu den Alten, so fällt das Urteil überwiegend negativ aus. Befragt man jedoch Großeltern zu ihren Enkeln oder umgekehrt diese zu ihren Großeltern, so ergibt sich meist ein wesentlich positiveres Bild. Während die distanzierte Wahrnehmung, das Generations*verhältnis*, eher negativ ausfällt, ist die Generations*beziehung*, also die direkte Begegnung, in der Regel erfreulich. Denn gute Beziehungen brauchen die persönliche Begegnung, Kontakte entstehen über Berührung, Wärme entwickelt sich über Reibung.

Zur Pflege der Generationenbeziehungen müssen wir uns allerdings etwas Neues einfallen lassen und können uns hier auch nicht mehr an unseren Vätern und Vorvätern orientieren. Die Jungen wollen sich von uns in der Regel nicht mehr die Welt zeigen lassen, wo sie den Alten vor Fahrtantritt doch erst einmal den Fahrkartenautomaten erklären müssen; und mit dem so gerne zitierten afrikanischen Sprichwort: „Wenn ein alter Mensch stirbt, stirbt eine ganze Bibliothek" kann ich meinen Studierenden nur noch ein müdes „Na und?" entlocken, wo die doch schon längst alles für sie Wichtige und Aktuelle im Internet finden. Vorträge und Regierungsprogramme, die gerne das

„Alterskapital" und den Erfahrungsschatz der Alten preisen, die man nicht brachliegen lassen dürfe, bleiben meist die Antwort schuldig, worin dieses Kapital denn nun eigentlich konkret besteht.

Einen alten Baum verpflanzt man nicht!

Wo und wie wohnen Sie? Im typischen, für die junge Familie mit zwei kleinen Kindern gebauten Haus? Haben Sie einen Garten, der Ihnen jetzt schon manchmal zu aufwändig wird? Leben Sie in einem Umfeld, das Ihnen auch nach Ende Ihres Beruflebens, bei 24-stündiger häuslicher Präsenz, noch genügend Anregungen zu bieten hat? Welchen Radius haben Sie noch, wenn Sie eines Tages aufs Auto verzichten müssen?* Wird Ihre Wohnung zum Gefängnis, wenn Sie pflegebedürftig werden? Müssen Sie, oder statistisch wahrscheinlicher, Ihre Partnerin bei Ver-

---

* Überlegen Sie es sich gut, bevor Sie Ihren Führerschein aus Altersgründen abgeben! Ihr Aktionsradius und Ihre Selbständigkeit können dadurch radikal eingeschränkt werden. Die Alten mögen gelegentlich ein Verkehrshindernis sein, sich am Rande der Fahrtauglichkeit bewegen und auch ein paar Blechschäden verursachen – ihre Unfallstatistik ist, was die Verursachung von Personenschäden betrifft, besser als ihr Bild in der Presse und als das anderer Altersgruppen. Bedenkt man noch, dass der Führerschein das Symbol für Erwachsensein und Männlichkeit war und ist, dann wird verständlich, warum nicht mehr Auto zu fahren als kritisches Lebensereignis gilt.

witwung die (viel zu große) Wohnung aufgeben? Sie finden, dass es für diese Fragen noch entschieden zu früh sei, dass Sie darüber erst jenseits der 60 nachdenken müssen? Dann ist es jedoch häufig schon zu spät für solch grundlegende Veränderungen.

Ich teile die Auffassung, wonach man einen alten Baum nicht verpflanzt, weil er sich nicht mehr ausreichend verwurzelt. Ich halte nichts von den späten Umzügen in die Seniorenregionen und -zentren, wo man vorwiegend unter seinesgleichen ist und alles ein bisschen altengerechter zugeht. Ich halte es auch für keine gute Idee, seinen Wohnsitz nach dem Ende des Erwerbslebens nach Südeuropa zu verlegen. Was zunächst die große späte Freiheit ist, wird mit zunehmendem Alter zum Dilemma. Man wird zum Ausländer, pendelt wie die meisten Migranten so lange es geht zwischen den beiden Ländern hin und her, um sich dann eines Tages für einen von beiden Orten entscheiden zu müssen, der dann aber doch nicht die Heimat ist. Aus der Migrationsforschung wissen wir, dass im Alter die ethnische Orientierung am Herkunftsland zunimmt und dass sich erst die dritte Generation im neuen Land beheimaten und verwurzeln kann.

Also dann doch in den eigenen vier Wänden bleiben? Es darauf ankommen lassen, so lange es geht einfach weiter-

leben und sich nicht um potenzielle Immobilität, Pflegebedürftigkeit und Demenz kümmern? Dabei ein bisschen
auf die Kinder hoffen, die einen doch wohl nicht im Stich
lassen werden? Ein Großteil, wenn nicht sogar die meisten Älteren leben nach dieser Devise. Und oft geht die
Rechnung sogar einigermaßen auf. Zwei Drittel aller Pflegebedürftigen aller Schweregrade werden von ihren Angehörigen gepflegt, worauf angesichts der angeblich mangelnden familiären Pflegebereitschaft nicht oft genug hingewiesen werden kann. Die häusliche Pflege kann jedoch
zu einem Gefängnis werden, wo Pflegende und Gepflegter
in einer unendlichen Geschichte und rund um die Uhr
aufeinander verwiesen sind und in Isolation geraten, wo
die lebenslang erprobten Spiele einer Ehe keine Unterbrechung mehr finden, wo Ekel, Scham und Hass nur noch
darauf hoffen lassen, dass der Tod bald ein Einsehen haben möge. In Paarbeziehungen zwischen alten Menschen
werden Männer etwa gleich häufig Opfer von Gewalt wie
Frauen.

Die gute alte Zeit?

Wann immer über Alter und Pflegebedürftigkeit gesprochen und geschrieben wird, ist der sehnsüchtige und an-
klagende Verweis auf die „gute alte Zeit" nicht weit. Eine

Zeit, in der die Alten angeblich noch nicht in die Heime abgeschoben worden seien, sondern im Schoße der Großfamilie geborgen waren, geehrt und allseits geachtet. Doch wie stand es in früheren Zeiten tatsächlich um die Alten? Drei historische Belege seien stellvertretend für die Ergebnisse der sozialhistorischen Forschung angeführt:

Der alte Großvater und der Enkel

Es war einmal ein steinalter Mann, dem waren die Augen trüb geworden und die Knie zitterten ihm. Wenn er nun bei Tische saß und den Löffel kaum halten konnte, schüttete er Suppe auf das Tischtuch und es floss ihm auch wieder etwas aus dem Mund. Sein Sohn und dessen Frau ekelten sich davor und deswegen musste sich der alte Großvater endlich hinter den Ofen in die Ecke setzen und sie gaben ihm sein Essen in ein irdenes Schüsselchen und noch dazu nicht einmal satt; da sah er betrübt nach dem Tische und die Augen wurden ihm nass. Einmal auch konnten seine zitterigen Hände das Schüsselchen nicht festhalten, es fiel zur Erde und zerbrach. Die junge Frau schalt, er sagte aber nichts und seufzte nur. Da kaufte sie ihm ein hölzernes Schüsselchen für ein paar Heller, daraus musste er nun essen. Wie sie da so sitzen, so trägt der Enkel von vier Jahren auf der Erde kleine Brettlein zusammen. „Was machst du da?" fragte der Vater. „Ich mache ein Tröglein, daraus sollen Vater und Mutter essen, wenn ich groß bin." Da sahen sich Mann und Frau eine Weile an, fingen endlich an zu weinen, holten alsofort den alten Großvater an den Tisch und ließen ihn von nun an immer mitessen, sagten auch nichts, wenn er ein wenig verschüttete.

Unter alten Leuten, in Altenkreisen, in Heimzeitungen und Magazinen für Ältere wird dieses Grimmsche Märchen vom alten Großvater und dem Enkel gerne und viel zitiert. Volksmärchen transportieren historische Tatsachen. Der erste Teil des Märchens, die reale Geschichte, beschreibt zunächst die soziale Situation der alten Leute und ihrer Familien über Jahrhunderte hinweg.

Der zweite Teil, das eigentliche Märchen, setzt ein mit dem lieben Enkel auf dem Fußboden und den beschämten und bekehrten Eltern. Dieser Teil wurde vermutlich erst von den Brüdern Grimm hinzugefügt, die es angesichts des zu ihrer Zeit verbreiteten schlechten Umgangs mit den Alten offenbar für geboten hielten, die reale Geschichte zu einem moralisierenden und pädagogisierenden Märchen umzufunktionieren. „Seid besser zu euren Alten!" ist seither der moralisierende Imperativ, der diese Geschichte so beliebt und populär macht.

Wenn wir auf der Suche nach einem weiteren Befund für die angeblich „gute alte Zeit" in der Geschichte noch weiter zurückgehen, so stoßen wir auf einen ebenso gerne zitierten Text, das vierte Gebot:

> *Du sollst deinen Vater und deine Mutter ehren,*
> *auf dass du lange lebest und dir's wohlgehe im Lande,*
> *das dir der Herr dein Gott geben wird.*

Auch hier ist die zunächst naheliegende Vermutung, dass die Alten in biblischen Zeiten besser behandelt worden wären als heute, ein Trugschluss. Denn wie schlecht muss die Situation der Alten im Volk Israel gewesen sein, dass die Fürsorge für sie in dieses Basisprogramm von zehn zentralen Lebensregeln aufgenommen werden musste? Offenbar war die Achtung und Pflege der Alten keineswegs selbstverständlich, sondern bedurfte eines ausdrücklichen Gebotes. Übrigens des einzigen Gebotes mit einer Begründung oder Motivationsklausel („auf dass dir's wohlgehe..."), was die Vermutung nahelegt, dass hier besonderer Nachdruck nötig war. Einem Volk, das vierzig Jahre mit Alten, Gebrechlichen und Sterbenden ohne Rollstühle, Gehwagen und Badewannenlifter durch eine Wüste irrt, mag eine Aussetzung der Alten näher liegen als ihre Achtung.

Gelangen wir im Gang durch die „gute alten Zeit" schließlich in unsere jüngste Geschichte, so stoßen wir auf einen dritten Beleg:

... Als weitere Verpflichtung haben die Übernehmer an die Übergeber folgendes Leibgeding zu erbringen:
Die Lieferung folgender landwirtschaftlicher Erzeugnisse auf Martini eines jeden Jahres, soweit nicht der Natur der Sache nach eine andere Lieferungszeit in Betracht kommt:

jährlich:	*- 2 Schlachtschweine je mindestens 2 Zentner Lebendgewicht*
	- 2 Zentner Weißmehl
	- 2 Zentner Schwarzmehl
	- 3 Zentner Kartoffeln
wöchentlich:	*- 1,5 Pfund Butter*
	- 20 Eier
täglich:	*- 2 Liter Milch.*

Außerdem ist die Wartung und Pflege der Übergeber in gesunden und kranken Tagen von den Übernehmern zu erbringen.

Mit solchen und ähnlichen Hofübergabeverträgen sicherten sich die alten Bauern über Jahrhunderte bis in unsere Zeit hinein gegen ein Alter in Not und Elend ab, der hier abgedruckte Vertragsauszug stammt übrigens aus dem

Jahre 1972. Wo sich die Menschen vertragen, braucht es keine Verträge. Verträge sind immer ein Hinweis auf eine problematische soziale Praxis, die man durch vertragliche Vorsorge abwenden will. Die Altersverträge zeugen von leidvollen Erfahrungen zwischen den Generationen.

Die gute Zeit der Alten ist heute

Wie sah die Lebenspraxis in der Landwirtschaft, von der unsere Gesellschaft bis vor 100 Jahren noch maßgeblich geprägt war, aus? Die Alten zögerten einerseits die Hofübergabe in der Regel weit hinaus, um Einfluss, Einkommen und ein Auskommen zu haben; andererseits war die Heiratserlaubnis des Sohnes an diese Übergabe gebunden. Bei der vergleichsweise späten Heirat erfolgte dann häufig nur eine Teilübergabe. Man kann sich gut vorstellen, dass diese Übergabebedingungen alles andere als günstige Voraussetzungen waren, um Liebe und Ehrfurcht seitens der Jungen für die Alten zu fördern. Daher lebten gewöhnlich, auch unter ärmsten Bedingungen, Jung und Alt räumlich voneinander getrennt. Jung und Alt, das waren aufgrund der späten Heirat und der geringeren Lebenserwartung in der Regel nur zwei gleichzeitig lebende Generationen. Die viel beschworene, harmonische Großfamilie war die Ausnahme und meist nur in großbürgerlichen Verhältnissen zu finden. Der Alternsforscher Leopold Rosenmayr kommt in seinen kulturvergleichenden Studien zu dem Ergebnis: „In den meisten Regionen des westlichen und nördlichen Europa gibt es weder ein Leben der Generationen unter einem Dach über deren gesamte Lebensspanne hinweg noch ein umfassendes Recht auf Pflege und Versorgung durch die Familie im Falle von Krankheit oder dauernder Gebrechlichkeit."[3]

Die historische Alternsforschung kennt keine „gute alte Zeit" der Alten. Sie beschreibt ein ständiges Auf und Ab des Ansehens der Alten, differenziert aber vor allem zwischen den reichen, mächtigen und geehrten alten Männern (die jedoch bis zum heutigen Tag meist gar nicht als alt wahrgenommen werden) und der Mehrheit der armen und verspotteten Alten. So erfreuten sich die Griechen etwa an Aristophanes' Komödien, die heute aufgrund ihrer politischen Unkorrektheit nicht mehr denkbar wären:

> *Der Alte war der Übel allerschlimmstes,*
> *Von allen Gästen der besoffenste! ...*
> *Er aber trieb's am tollsten doch von allen,*
> *Kaum hat er sich mit Leckereien gestopft,*
> *Da springt er, tanzt und furzt und lacht dazu,*
> *Als wie ein Esel, den der Hafer sticht ...*

„Die gute alte Zeit", sie war so gut nicht, aber warum wird sie dann so hartnäckig auch von Leuten, die es eigentlich besser wissen müssten, immer wieder beschworen? Mit erhobenem moralischem Zeigefinger pflegen insbesondere politische Redner männlichen Geschlechts diesen falschen Mythos und malen das Gespenst einer Angehörigengeneration an die Wand, die ihre Alten angeblich alle ins Heim abschiebt. Schaut man genau hin, so sind mit Angehörigen meist die Frauen gemeint, in deren Händen überwiegend die Pflege liegt und die ihrer Altenpflegepflicht angeblich nicht mehr nachkommen wollen, weil sie nur ihrer „Selbstverwirklichung" nachjagen (ganz anders als wir hart schuftenden Männer, die kein anderes Motiv als Pflichterfüllung kennen!). Ein schlechtes Gewissen soll den Frauen eingeredet werden, das sie zurück an den Herd und ans Pflegebett treibt, wo ihre Bestimmung und ihre Pflichten gesehen werden.

Wie infam und unberechtigt dieses ideologische Gerede ist, zeigt ein Blick auf die demografische Entwicklung, die unter anderem belegt, dass noch zu keiner Zeit so viele Angehörige, also überwiegend Frauen, so viele alte Menschen gepflegt haben wie heute. Statt der „guten alten Zeit" muss es richtiger heißen: „Die gute Zeit der Alten ist heute!" Zu keiner Zeit in keinem Land der Erde gab es jemals so viele alte Menschen, die materiell so abgesichert, bei so guter Gesundheit, bei so guter Versorgung so lange lebten wie die heutigen Altengenerationen in der reichen Welt.

Das vierfache Altern

Wir befinden uns mitten in einem epochalen und grundlegenden Wandel der Altersstruktur unserer Gesellschaft, der sich als ein vierfacher Alternsprozess beschreiben lässt. Ein Blick auf den Altersaufbau der deutschen Bevölkerung zeigt diesen radikalen Veränderungsprozess: Die klassische Alterspyramide, die über Jahrtausende immer eine breite Basis bei Kindern und Jugendlichen hatte, stellt sich innerhalb von gut einhundert Jahren auf den Kopf. Die Älteren stellen die Mehrheit. Die Pyramide wird zum Pilz. Dieser demografische Strukturwandel ist deswegen historisch so einmalig, weil vier Faktoren gleichzeitig aufeinander treffen:

- *Es gibt immer mehr Ältere (Quantität),*
  Noch zu keiner Zeit gab es so viele alte Menschen wie heute. Die Zahl der über Sechzigjährigen hat sich seit 1900 verdreifacht. Heute stellt diese Altersgruppe ein Viertel der Gesamtbevölkerung, 2030 wird sie ein Drittel ausmachen.

■ *... die immer älter werden (Hochaltrigkeit),*
Lag die durchschnittliche Lebenserwartung vor 100 Jahren noch bei rund 40 Jahren, so sterben Männer heute im Durchschnitt mit knapp 76 und Frauen mit 81 Jahren. Jedes zweite neugeborene Mädchen kann heute mit einer Lebensspanne von 100 Jahren rechnen. Der Anteil der über Siebzigjährigen hat sich seit 1900 verfünffacht, die Zahl der über Achtzigjährigen wird sich bis 2030 verdoppeln. Wurden 1939 im Deutschen Reich gerade einmal 16 über Einhundertjährige gezählt, wird deren Zahl heute auf rund 4 000 geschätzt.

■ *... die immer früher alt gemacht werden*
(Entberuflichung)
Mit 60 Jahren sind bereits zwei Drittel aller Erwerbstätigen aus dem Berufsleben ausgeschieden. Völlig unabhängig von der Anhebung des gesetzlichen Rentenalters tritt der Zeitpunkt, wo man „zum alten Eisen gehört", nur noch für eine Minderheit mit 65, für viele jedoch bereits mit Anfang 50 ein.

■ *... und denen immer weniger Jüngere gegenüber stehen*
(Altersquotient).
Gab es 1950 noch doppelt so viele unter Zwanzigjährige wie über Sechzigjährige, so hat sich diese Relation inzwischen umgekehrt. Unsere Alterspyramide steht Kopf nicht nur aufgrund der starken Zunahme der Älteren, sondern weil die Jungen immer weniger werden. Statt

„Deutschland überaltert" müsste es treffender „Deutschland unterjüngt" heißen. 1900 standen einem über 75-Jährigen noch 80 Jüngere gegenüber, heute sind dies gerade noch zehn.

Dieses vierfache Altern unserer Gesellschaft konfrontiert uns mit einer Fülle neuer Fragen und Aufgaben, für die wir keine historischen Vorbilder haben – schon von daher verbietet sich jeglicher Vergleich mit der sogenannten „guten alten Zeit". Zu keiner Zeit gab es in irgendeiner Gesellschaft mehr Alte als Junge. Hochaltrigkeit als ehemals singuläres Ereignis wird zum Massenphänomen und erleidet damit nach den Gesetzen der Marktwirtschaft einen inflationären Wertverlust. Pflegebedürftigkeit und Altersdemenz sind zum biografischen Regelfall geworden. Alter ist erstmalig eine umfassende gesamtgesellschaftliche, von manchen als „Alterslast" beklagte Aufgabe. Nie zuvor haben so viele Angehörige und Pflegekräfte so viele alte Menschen gepflegt wie heute. Die Hälfte aller über 40-Jährigen hat im persönlichen Nahraum Erfahrung mit häuslicher Pflege. Kinder haben meiner Meinung nach übrigens keine Pflicht, ihre Eltern zu pflegen. „Kinderpflege ist Natur, Elternpflege ist Kultur."

Endstation Sehnsucht

Auch wenn nach wie vor die meisten Alten von ihren Angehörigen gepflegt werden, droht uns am Ende die Heimunterbringung. Die Heimunterbringung, die jeden fünften
im Alter betrifft, ist trotz aller Humanisierungen der Heime
noch immer der größte Schrecken des Alters und eine der
größten aller Lebenskrisen. Dann, wenn die Plastizität und
Anpassungsfähigkeit am geringsten geworden sind, wird
dem alten Menschen häufig gegen seinen Willen die vielleicht höchste Anpassungsleistung seines Lebens abverlangt. Ein Blick auf unsere fünf Säulen zeigt, dass die Identität hierdurch in allen fünf Dimensionen massiv erschüttert und gefährdet wird: Meist ausgelöst durch eine massive gesundheitliche Einbuße – die Hälfte aller Heimauf-
nahmen erfolgt direkt aus dem Krankenhaus – kommt der
der alte Mensch in irgendein Heim; dieses ist meist zu weit
von seinem bisherigen Wohnort entfernt, um die sozialen
Bezügen aufrechtzuerhalten; wo er vorher noch irgendwie
seinen Hausstand umgetrieben hat, findet er sich von einem Tag auf den anderen in einer Art Full-Service-Hotel
wieder, das – fast wie einstmals in Königshäusern – sogar
die Körperpflege sowie das Aus- und Anziehen anbietet,
ihn jedoch zu einer unendlich langen, untätigen Weile verdammt: leider ist die Apanage nicht königlich, sondern be-
schränkt sich auf einen monatlichen Barbetrag, wie das Ta-

schengeld des Sozialhilfeempfängers amtlich bezeichnet wird. So ist es schließlich nachvollziehbar, dass er in all diesen Umständen keinen rechten Lebenssinn mehr erkennen kann. Der Heimeinzug ist eine so große Lebenskrise, dass viele Menschen ihn nicht überleben oder sich in die Verwirrtheit flüchten.

Die Pflegeheime sind die anderen Frauenhäuser in unserem Lande. Es sind zu rund 80 Prozent Frauen, die darin gepflegt werden, rund 80 bis 90 Prozent der Pflegenden sind Frauen, nahezu ausschließlich Frauen machen die Hauswirtschaft, vor allem Frauen sind die Besucherinnen, die allermeisten Ehrenamtlichen sind Frauen. Es ist – wie bei den meisten Angeboten der Altenarbeit – eine reine Frauenkultur mit ein paar wenigen eingesprengten Männern. Eine Kultur, die auch für alte Männer durchaus erotisch aufgeladen sein kann: Junge, attraktive Frauen, die bei demenzieller Erkrankung möglicherweise als die frühere Geliebte verkannt werden, üben Körperpflege aus und begegnen dem Mann in einer Intimität, die weit über das hinaus geht, was er aus seinem früheren Eheleben kannte. Reagiert der verwirrte alte Mann entsprechend auf eine solche als „Einladung" missverstandene Pflegehandlung, kann er schnell zum „schmutzigen Greis" werden. Die Angebote zur Beschäftigung, Bewegung und Begegnung haben meist weiblichen Charakter, alte Männer werden zu Aktivitäten aufgefordert, die kaum einen Bezug zu ihrem bisherigen Leben aufweisen, ihre brüchige männliche Identität weiter beschädigen und sie vor sich selbst lächerlich machen. „Weihnachten sollen wir Plätzchen backen, Ostern Eier färben und zwischendurch Mandalas ausmalen oder uns zehn Minuten lang mit Wäscheklammern aktivieren lassen", beklagt der Heimkenner Schützendorf diese Misere. Handfestes, Männerspezifisches ist die Ausnahme. Entsprechend berichten Fred Kunz und Kuno Brunatti von „mentalen Sprüngen" alter Männer, wenn sie diesen für sie etwas Sinnvolles zu tun gaben[4].

Vor einigen Jahren hatte ich im Rahmen eines Pflegepraktikums in meinem Tagebuch notiert:

Mir wird der Vormittag sehr lange. Um wieviel länger muss er für die alten Leute sein!? Der Tag bietet außer den Mahlzeiten wenig Unterbrechungen und Abwechslung. Alt sein im Heim heißt warten. Warten auf die Schwester, warten auf die Mahlzeiten, warten auf gelegentliche Besuche, warten auf den Abend, warten auf das Einschlafen. Lohnt sich dieses Warten? Fast schon zynisch wirkt da der heutige Spruch zum Tage (auf jenem großformatigen Kalender, der zur Realitätsorientierung dienen soll): „Arbeit ist des Lebens Würze". Als eine Kiste Windeln zu falten ist, stellt dies eine kurze willkommene Unterbrechung für einige Bewohner dar.

> *Ich komme dabei mit Herrn A. ins Gespräch, der früher*
> *Einkaufsleiter in der Industrie war. Er hadert mit sei-*
> *nem Aufenthalt im Heim. Nach einem mit Arbeit ge-*
> *würzten Leben nun zehn Minuten Windelfalten als Hö-*
> *hepunkt des Tages!*

Erich Schützendorf empfiehlt den alten Männern in den Heimen: „Unterdrücken Sie Ihr Interesse für Sport, Sex und Saufen. Die drei großen ‚S' werden in der Altenpflege klein geschrieben: satt, sauber, still."[5]

Die meisten alten Männer passen sich schnell an, sind dankbar oder werden verwirrt. Altersverwirrung kann auch verstanden werden als Abwehr einer Realität im Heim, die gerade für Männer häufig nicht besonders attraktiv ist. Auch wenn es schlechtere und bessere Heime gibt, auch wenn Heimskandale nicht die Regel sind, lässt sich das klassische Heim nur bis zu einem bestimmten Punkt humanisieren. Im spezifischen Charakter der großen, totalen Institution liegen strukturelle Barrieren, die alle Versuche begrenzen, in ihr ein normales, das heißt individuelles und einigermaßen selbstbestimmtes Leben zu führen.*

---

* Dies hat sehr eindrücklich und überzeugend Ursula Koch-Straube mit ihrer ethnografischen Untersuchung „Fremde Welt Pflegeheim" nachgewiesen.

Leben wär' eine prima Alternative

Das „Betreute Wohnen" ist nur bedingt eine Alternative zum Pflegeheim. Es entspricht eher dem früheren Altenheim, also einer locker betreuten kollektiven Wohnform für noch überwiegend rüstige Ältere. Das Spektrum der Angebote ist sehr breit. Es reicht von Wohnanlagen, wo es keinerlei Betreuung gibt bis hin zum Hochpreissegment, wo Seniorenstifte ein attraktives, weitgehend individuelles Wohnen erlauben. Unterm Strich bleiben diese Projekte problematische Altengettos, in denen zudem ein Verbleib bei schwerer Pflegebedürftigkeit häufig nicht möglich ist.

Attraktivere und zukunftsweisendere Alternativen zum Heim, überschaubare gemeinschaftliche Wohnformen, sind bekannt und müssen nur noch umgesetzt werden. Dies sind zum einen so genannte Hausgemeinschaften, wo sich acht bis zwölf pflegebedürftige Menschen zusammentun, um die Vorteile einer gemeinsamen Pflege zu genießen, ohne dabei die Nachteile der großen Institution hinnehmen zu müssen. Diesen Pflegemodellen werden, zumindest in einigen Bundesländern, Landkreisen und Kommunen, noch Steine in den Weg gelegt, so dass Sie sich schon heute dafür einsetzen sollten, wenn Sie oder Ihre Angehörigen einmal etwas davon haben wollen.

Die andere Alternative zum Heim ist bereits im Vorfeld zur Pflege angesiedelt und knüpft an die alten Ideen der sechziger Jahre von kollektiven Lebensformen an. Die Idee des „Wohnhofs" beispielsweise sieht im Innenbereich einen halböffentlichen Marktplatz vor, wo Kommunikation und gemeinsame Aktivitäten möglich sind, während die nach außen gewandte Seite den individuellen und geschützten privaten Bereich gewährt. Solche gemeinsamen Projekte, ob als Altenwohngemeinschaft oder als generationsübergreifendes Modell konzipiert, gibt es in vielen Varianten. Zahlreiche Projekte sind allerdings über das Planungsstadium nicht hinausgekommen und entweder an fehlenden Grundstücken, Immobilien, unterschiedlichen Lebensauffassungen oder architektonischen Differenzen gescheitert. Kein Grund, es deswegen besser gleich ganz bleiben zu lassen; aber hier sollte man es früh anpacken, sich auf einen längeren Planungshorizont einstellen und sich die Erfahrungen anderer Initiativen zunutze machen. Dies kann nebenbei noch einmal zu *dem* sinnstiftenden und erfüllenden Projekt der nachberuflichen Lebensphase werden.*

---

* Die Bundesvereinigung „Forum für gemeinschaftliches Wohnen im Alter" stellt auf ihrer Homepage www.fgwa.de weiterführende Informationen bereit.

Die Identitätssäule der materiellen Sicherheit erfordert im Alter eine neue Balance des Wertequadrates: Soll die Freude am Genuss nicht in den kalten Materialismus abrutschen, der wiederum von der Verarmungsangst genährt sein kann, braucht sie als Schwestertugend einen Altruimus, ein Eintreten für andere. Fragen zur Stabilisierung dieser Identitätssäule können sein:

- Wo müssten die Pflichten mehr mit dem Genuss gepaart sein?
- Wo laufen meine Sicherheiten und Absicherungen Gefahr, das Leben abzutöten?
- Wohne ich am richtigen Ort und in den richtigen Wohnverhältnissen, um auch bei Pflegebedürftigkeit sozial eingebunden zu bleiben?
- Wo kann ich mit der Sicherheit und Freiheit des Älteren für mehr (Generationen-)Gerechtigkeit, für den Erhalt eines lebenswerten Lebens auch für die nachkommenden Generationen eintreten?

Zum Schluss dieses Kapitels eine Geschichte von Leo Tolstoj, mit der Sie Ihre Eltern und Ihre Kinder zu einer Diskussion über das afrikanische Sprichwort „Ein Vater kann sieben Kinder ernähren, aber sieben Kinder keinen Vater" einladen können:

Ein Rabe, der auf einer Insel ein Nest gebaut hatte, aber dort nicht mehr genug Futter fand, beschloss, seine drei Jungen zum Festland zu fliegen. Als er das erste Junge herüberflog, wurde er müde, und er fragte es: „Wenn ich alt und schwach sein werde und du groß und stark, wirst du mich pflegen und von Platz zu Platz tragen?" Der junge Rabe gab das Versprechen, es zu tun, denn er hatte Angst. Je weiter der Rabe flog, desto müder wurde er. Er dachte, sein Sohn habe nicht die Wahrheit gesagt und ließ ihn ins Meer fallen. Mit dem zweiten Jungen verhielt es sich genauso. Das dritte Junge aber beantwortete die Frage des Vaters: „Mein Vater, das werde ich nicht tun. Wenn du alt bist und ich erwachsen bin, werde ich mein eigenes Nest haben und meine Jungen aufziehen." Mit letzter Kraft stieg der alte Rabe wieder hoch und brachte seinen Sohn sicher zum Festland.[6]

V. Trauer oder Hoffnung?

Die drei Lebensalter des Mannes:
Dada – Blabla – Gaga

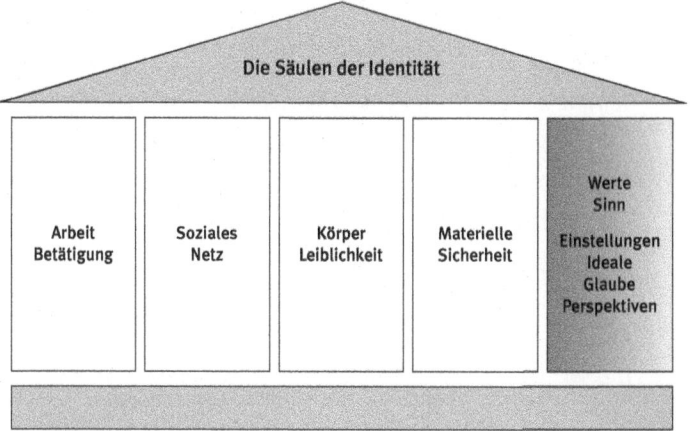

Die Säulen der Identität

| Arbeit Betätigung | Soziales Netz | Körper Leiblichkeit | Materielle Sicherheit | Werte Sinn Einstellungen Ideale Glaube Perspektiven |

Herr E., 69, empfängt mich mit seiner Frau, die noch berufstätig ist, in einem netten Reihenhaus, das er selbst ausgebaut hat. Er ist ein freundlicher, gebildeter älterer Herr, der mit einem leichten Akzent spricht. Geboren wurde Herr E. 1937 in Rumänien in einer dort ansässigen türkischen Minderheitengruppe, die sich 1942 in Folge einer Grenzverschiebung auf bulgarischem Gebiet wiederfand. 1949 floh die Familie in die Türkei, wo sie vier Jahre ohne jegliches Hab und Gut das typische Schicksal von unerwünschten Flüchtlingen aushalten musste. Als Zwölfjähriger war er mit verschiedenen Gelegenheitsarbeiten maßgeblich für die Ernährung der Familie zuständig, bis sie schließlich mit Unterstützung eines wiedergefundenen Verwandten zu Haus und Möbeln kam. Herr E. konnte daraufhin eine Lehre als Elektriker machen und an der Abendschule seinen Gesellenbrief erwerben. Nach drei Jahren Militärdienst vermittelte ihn sein damaliger Chef 1960 an eine Elektromontagefirma in Süddeutschland, bei der er bis zu seiner Verrentung arbeitete. Der 23-Jährige konnte kein Wort Deutsch, zog darum schnell aus der gemeinschaftlichen Werksunterkunft aus, wo nur türkisch gesprochen wurde. Nach einigen Montagetätigkeiten in verschiedenen Städten schloss er mit 35 Jahren eine Technikerausbildung ab, hatte attraktive Aufträge im Mittleren Osten, bis die Firma 1996 in Konkurs und er nach dreijähriger Arbeitslosigkeit mit 62 in Rente ging.

Nach seiner Verrentung hat Herr E. die gesamten Elektroarbeiten in einer neu gebauten Moschee durchgeführt, die er jetzt jeden Freitag aufsucht. Er macht gelegentlich Elektroreparaturen bei Freunden, geht mit seiner Frau spazieren, kauft ein und kocht. Ansonsten hat er keine Hobbys, die zu entwickeln bei einer 75-

Stunden-Woche keine Zeit gewesen sei. Freunde im engeren Sinne habe er keine; ein Freund, der wie ein Bruder gewesen sei, sei gestorben; ansonsten lebe er eher zurückgezogen. Er fühle sich in der Nachbarschaft freundlich angenommen und gehöre dazu. Seit er als Junge die Stukkas der Deutschen am Himmel erlebt habe, habe er sich mehr als Deutscher denn als Türke gefühlt.

Das große ungelöste und wohl auch kaum lösbare Problem von Herrn E. ist die Frage nach dem Lebensort im Alter. Er erzählt mir, dass er ursprünglich den Plan gehabt habe, nur zwei Jahre in Deutschland zu bleiben. Die Technikerausbildung habe er vorwiegend deswegen gemacht, um danach in der Türkei einen eigenen Betrieb gründen zu können. Seine Augen leuchten, als er mir erzählt, dass er große Lust hätte, dort nochmals eine Existenz aufzubauen und als Elektriker zu arbeiten. Jetzt stünde in den nächsten Jahren die endgültige Entscheidung an. Seine Frau und er könnten sich am ehesten ein kleines Dorf in der Nähe Istanbuls vorstellen; wobei sie wahrscheinlich nie mehr ausschließlich dort leben könnten. Am liebsten würde er sofort gehen, wenn da nicht die Kinder und Enkelkinder wären. Außerdem seien sie selbst inzwischen auch in der Türkei Fremde.

Seine Frau tut seine Pläne allerdings als Träume ab. Für so etwas sei ihr Mann viel zu angeschlagen, er brauche Ruhe und Erholung. Nach einem lebensbedrohlichen Unfall ist Herr E. schwerbehindert, spricht von nächtlichen Alpträumen und körperlich begleiteten Unruhezuständen. Sein Körper sei kaputt, was man ihm allerdings nicht ansieht. Wenn er einmal pflegebedürftig werden solle, könne er sich ein Pflegeheim durchaus vorstellen; dem widerspricht seine Frau allerdings heftig, weil sie sich dies nicht leisten könnten. Im Stillen hoffen sie beide auf eine Versorgung durch die Tochter.

Gemäß unserem Fünf-Säulen-Modell stellt jede Beschädigung einer der fünf Säulen unsere Identität in Frage, erschüttert die Lebenseinstellungen, wirft die Sinnfrage auf. Deswegen war in den vorigen Kapiteln natürlich immer schon auch von dieser fünften und letzten Säule die Rede.

Ein Klimakterium virile gibt es nicht

Auch wenn sich die Gelehrten uneins sind, teile ich die Meinung, dass es kein männliches Klimakterium gibt, das dem weiblichen vergleichbar wäre. Mit zunehmendem Alter finden zwar schleichende körperliche, auch hormonelle, Veränderungen statt, sie rechtfertigen jedoch keine solche biologisch-medizinische Etikettierung. Die zunehmende Medikalisierung der Wechseljahre scheint mehr einem kommerziellen als einem medizinischen Bedarf geschuldet. Aber es ist sinnvoll und notwendig, von männlichen Wechseljahren im Sinne eines Wechsels der inneren Einstellung zu sprechen. Wenn die Schwelle überschritten wird, wo Mann nicht mehr die zurückgelegten, sondern die vor ihm liegenden Jahre zählt, wo physisches und psychisches Altern nicht mehr zu übersehen sind, wo man immer öfter darüber nachdenkt, wie man selbst alt sein möchte und wie andere einen jetzt wohl sehen mögen, steht ein Perspektivwechsel an, der aktiv zu bewältigen ist. Das Alter(n) ist nicht mehr zu leugnen und dies kann zu einer Krise führen, die Männer sehr unterschiedlich wahrnehmen und erleben.

Wo viele Männer diese Verunsicherung und potenzielle Krise durch ein einfaches Weitermachen oder ein Mehr Desselben überspielen, ist eine medizinisch-pathologische Erklärung dieses Prozesses kontraproduktiv. Denn sie käme dem technokratischen Körperverständnis so manches Mannes entgegen und dem daraus resultierenden Wunsch, sich sein diffuses Unwohlsein, seine gestörte Leistungsfähigkeit eben mal geschwind wegspritzen oder mit ein paar bunten Pillen aufhellen zu lassen.

Die Wechseljahre des Mannes sind keine Krankheit, sondern eine Chance, vielleicht noch rechtzeitig Zwischenbilanz zu ziehen, aus Sackgassen umzukehren und Kurskorrekturen vorzunehmen. Dazu braucht es keinen Arzt, eher schon die Unterstützung eines Beraters, Coaches oder Psychotherapeuten, der einen geschützten Raum für das Nachdenken bietet, der die richtigen Fragen stellt, blinde Flecken erhellen hilft und vor vorschnellen, falschen Lösungen bewahrt.

Einige Fragen, die in den Wechseljahren, an der Schwelle zum Alter beantwortet werden wollen, hat der Psychotherapeut Tobias Brocher gestellt:

- Wie bin ich an diese Stelle meines Lebens gekommen?
- Stimmt mein jetziges Leben mit dem überein, was ich ursprünglich einmal wollte?
- Was müsste ich heute tun oder verändern, um das erweiterte oder veränderte Ziel später auf anderem Wege zu erreichen?
- Welchen Preis muss ich zahlen, wenn ich meine augenblickliche Lebensweise unverändert fortsetze?
- Was brauche ich für die nächsten fünf bis zehn Jahre?
- Welche Einsicht ist für mich am schmerzlichsten zu ertragen? Was würde ich heute anders machen und wie finde ich Frieden für unwiederbringlich Versäumtes?[1]

Unbewältigte Krisen

Entwicklungspsychologen wie Erik Erikson gehen davon aus, dass im jeweiligen Lebensabschnitt anstehende Entwicklungskrisen durchgearbeitet und bewältigt werden müssen, um im Leben weiterzukommen und die nächsten Entwicklungsaufgaben lösen zu können. Wo diese kritischen Herausforderungen nicht verarbeitet werden, steigt die Gefahr, körperlichen und oder seelischen Schaden zu nehmen. So ist etwa die Depression das häufigste psychische Leiden im Alter, was meist viel zu wenig wahrgenommen wird. 20 Prozent aller Älteren werden als depressiv eingeschätzt. Neben biologisch-neurologischen Ursachen kann die Depression als unbewusste Antwort auf ein immer sinnloser empfundenes Leben verstanden werden. Während wir in der beruflichen Tretmühle gleichsam bewusstlos vor uns hin schuften, sind unser Körper und unsere Seele längst weiter und geben uns ihre Signale, sofern wir sie nur hören und verstehen wollen. Depression kann die Reaktion auf ein „entpflichtetes" Leben sein, in dem neben Genuss und Müßiggang kein wirklicher Sinn und Tiefgang mehr empfunden wird; sie kann die unbewältigte Trauer über die vielen Verluste sein, die ein langes Leben mit sich bringt. Depression kann schließlich die Antwort auf eine Lebensbilanz sein, deren sinnhafte Abrundung nicht gelingt und keinen inneren Frieden einkehren lässt. Depression tritt bei alten Männern häufiger auf als bei Frauen und äußert sich oft anders: Männer neigen eher dazu, ihre Niedergeschlagenheit in verschiedenen Formen aggressiv auszuagieren.

Vor diesem Hintergrund ist die überaus hohe Suizidalität älterer Männer einzuordnen. Die Selbsttötungsrate der Männer zwischen 75 und 80 Jahren ist dreimal höher, die der über 85-Jährigen viermal höher als die jüngerer Männer; über 75-jährige Männer bringen sich elfmal so häufig ums Leben wie die unter 25-Jährigen. Die Suizidquote der Männer über 65 Jahren übersteigt die der Frauen um mehr als das Zweieinhalbfache. Während bei den Jüngeren die Relation zwischen Versuch und „gelungenem" Suizid bei zehn zu eins liegt, liegt sie bei den Älteren bei zwei zu eins. Alte Männer wählen eher die härteren und radikalen Methoden wie Erschießen, Erhängen, Sturz in die Tiefe; auch die vielen unerklärlichen Verkehrsunfälle und ähnliches mehr lassen oft an einen Vorsatz denken; hinzu kommen unterschwellige Suizidabsichten wie die Missachtung ärztlicher Anordnungen, falsche Ernährung (wie zum Beispiel bei Diabetes), Alkoholmissbrauch* oder der verdeckte „Hungerstreik" so manchen Heimbewohners.

---

* Bei rund zwei Drittel der Älteren, die alkoholabhängig sind, ist die Sucht erst jenseits der 60 entstanden.

Die vielen beschriebenen Verluste der Identitätssäulen, die mannigfachen Kränkungen der männlichen Identität, können diese hohe Suizidquote erklären. Weitere Gründe können sein: chronische und unheilbare Krankheiten, unerträgliche Schmerzen, die bei uns häufig leider immer noch zu wenig ernst genommen und gelindert werden; andere psychische Krankheiten neben der Depression; Isolation und Einsamkeit; der bereits erwähnte Tod der Partnerin, der nicht verkraftet wird; Angst vor Pflege und Demenz; Kontrollverlust, Scham und Misshandlungen in ausweglosen Pflegesituationen; Verlust von Freiheit und Selbstbestimmung etwa im Heim; sich verschärfende materielle Verarmung(sangst).

Schließlich steht der alte Mann vor der immer negativer ausfallenden gesellschaftlichen Kosten-Nutzen-Frage: Wenn Euthanasie zunehmend wieder als akzeptabel und normal betrachtet, wenn von angeblichen „Überalterung" der deutschen Bevölkerung*, „Rentnerschwemme" und „sozialverträglichem Ableben" dahergeredet wird, wenn

---

* Die Medienberichterstattung ist voll von ideologischen Begrifflichkeiten wie dem der „Überalterung". Wo ist definiert, was ein „gesunder", „normaler" Altersaufbau und was eine „Überalterung" ist? Unstrittig ist doch, dass wir mit einer Alterspyramide wie vor 100 Jahren wieder die damalige hohe Kindersterblichkeit befürworten und einen ausgesprochen ungesunden Beitrag zur weiteren Überbevölkerung Deutschlands und der Welt leisten würden.

täglich aufs Neue von „unlösbaren Rentenproblemen", den angeblich durch die teuren Rentner hervorgerufenen überproportionalen Belastungen der Krankenkassen* zu lesen ist. Wo alles, was die männliche Identität bedeutet, verloren geht, kann der Selbstmord als letzter Akt im Kampf um eine Selbstbestimmung verstanden werden, die zentraler Bestandteil des männlichen Selbstbildes ist.[2]

Mit dem Kopf woanders?

Der größte Angriff auf unsere Identität ist wahrscheinlich die Demenz, die Angst, den Kopf zu verlieren. Auch wenn für die meisten alten Männer der freundliche Hinweis des alten Albert Schweitzer gilt: „Ich bin betagt, nicht umnachtet!", steigt doch mit den Lebensjahren die Wahrscheinlichkeit, an „Alzheimer"** zu erkranken. Während bei den unter 80-Jährigen gerade einmal gut fünf Prozent demenziell erkrankt sind, steigt die Wahrscheinlichkeit bei

---

* Die hohen Gesundheitskosten sind nicht mit dem Alter, sondern mit dem Sterben verknüpft. Teuer ist vor allem das letzte Lebensjahr – völlig unabhängig vom Lebensalter.

** „Morbus Alzheimer" stellt nur eine, wenn auch die häufigste Form des demenziellen Abbaus im Alter dar; neben der Multi-Infarkt-Demenz (dem „Schlägle", wie wir Schwaben sie beinahe etwas liebevoll bezeichnen) sind andere Ursachen denkbar, weswegen eine fachärztliche diagnostische Abklärung immer sinnvoll und geboten ist.

den über 85-Jährigen bereits auf über 25 Prozent. Alzheimer ist nach wie vor unheilbar, bestenfalls linderbar und in seiner unumkehrbaren, zum Tod führenden Entwicklung lediglich um einige Monate verzögerbar. Die Forschungsanstrengungen nehmen zu, fast monatlich wird von Hoffnung stiftenden neuen Medikamenten berichtet, die nach erfolgreichen Laborversuchen die baldige und endgültige Erlösung vom Zerfall des Denkens versprechen. Bis dahin müssen wir uns noch mit Gehirnjogging trösten, viele weitere „heitere Gedächtnistrainings" absolvieren, um uns möglichst lange bei klarem Verstand zu erhalten. Denn unser Gehirn bleibt bis weit ins hohe Alter hinein lernfähig, was nicht zuletzt auch die neuesten Ergebnisse der Gehirnforschung belegen. Unsere mechanische Intelligenz, vergleichbar dem „Arbeitsspeicher" im Computer, verliert zwar schon ab dem dritten Lebensjahrzehnt an Verarbeitungsgeschwindigkeit, aber unsere pragmatische Intelligenz, die „Festplatte", wo Lebenserfahrungen und Weisheitswissen gespeichert sind, nimmt im Laufe des Lebens zu und lässt oft erst jenseits des achtzigsten Lebensjahres Einbußen feststellen.

Altersdemenz bringt viel Leid, Verzweiflung und Hoffnungslosigkeit über die Betroffenen und ihre Angehörigen: bei den Erkrankten vorwiegend im Anfangsstadium, wenn die Krankheitsanzeichen unübersehbar geworden sind und nicht mehr als normale Altersvergesslichkeit abgetan werden können; bei den Angehörigen, wenn die oft schwer erträglichen Stimmungsschwankungen zunehmen, der Mann seine Ehefrau nicht mehr erkennt und am Ende nur noch ein erbarmungswürdiger „Pflegefall" ist. So gesehen ist der Demenzforschung ein baldiger Durchbruch zu wünschen. Man kann die Altersdemenz allerdings auch als *die* Krankheit einer Zeit deuten, in der sich die Wissensproduktion immer mehr beschleunigt und sich die Halbwertszeit von Wissen immer mehr verkürzt, wo die Erfahrung der Alten darum wertlos erscheint, gesellschaftlich irrelevant und folgerichtig reif für den Schrottplatz. Der Schriftsteller Gerhard Köpf spricht hier von der „Selbstabdankung des Geistes".

Diese intellektuelle Entpflichtung und Freisetzung kann andererseits dem alternden Geist zum Lebensende die Möglichkeit eröffnen, mit seinen Gedanken woanders zu sein. Sogenannte Altersverwirrte lassen immer wieder direkt oder indirekt erkennen, dass sie mit früheren Phasen ihres Lebens beschäftigt sind, dass sie Vergessenes und Traumatisches aus ihrem Unterbewusstsein ausgraben, sich an früheres Schönes, Lebens- und Liebenswertes erinnern und sich daran erfreuen. Der zum Jüngling Regredierte entdeckt in der jungen Altenpflegerin seine erste Liebe, der zum kleinen Jungen Zurückgewanderte findet bei der als Mutter verkannten Ehefrau nochmals Trost und Geborgenheit. Die Demenz erlaubt den Zugang zu inneren Welten, die vor allem den heute alten Männern bei klarem Verstand verschlossen bleiben würden. So wird vielleicht die Verarbeitung von Lebensthemen möglich, die wir zur Lebensabrundung und zu einem Sterben in Frieden brauchen.*

Vielleicht

*Erinnern
das ist
vielleicht
die qualvollste Art
des Vergessens
und vielleicht
die freundlichste Art
der Linderung
dieser Qual.*

Erich Fried[3]

---

* Der Prozess des gedanklichen Zurückschreitens in immer frühere Schichten, wie er im Rahmen von demenziellen Prozessen möglich sein kann, wird sehr spannend und fachkundig von Martin Suter in seinem „Alzheimer-Krimi" „Small World" beschrieben.

Angesichts der Perspektivlosigkeit in so manchem häuslichen Altmänneralltag oder Pflegeheim – die gelegentlich an einen Wartesaal zum Tod denken lässt – mag ein derart reiches Innenleben lohnender sein als die Realität da draußen – alles scheint attraktiver als eine weitere Sitzung „Realitätsorientierungstraining". Wir wissen nicht wirklich, was die Alten erleben oder erleiden, sind weitgehend auf Deutungen und Vermutungen angewiesen. Wir können aber mit solchen Deutungen die Demenz entdämonisieren, vielleicht etwas von unserer Angst vor ihr verringern; wir müssen sie dann nicht mehr als etwas unter allen Umständen Wegzumachendes bekämpfen, wie das so oft aus unserem männlich technokratischen Umgang mit Krankheit erwächst und uns einen anderen, entwicklungsfördernden Zugang zu uns selbst verstellt. Schließlich kann Altersdemenz auch für alle Beteiligten das Sterben erleichtern.

Die heute alten Männer haben vermutlich mehr zu verarbeiten als wir Jüngeren. Sie sind als Kriegsteilnehmer oder als Kriegskinder oder als Vertriebene zu weiten Teilen in einer Weise traumatisiert, die wir, die den Krieg aus eigener Anschauung nicht kennen, wohl kaum nachvollziehen können. Wo heute den Opfern von größeren Katastrophen über Monate und Jahre Psychologen und Therapeuten zur Seite gestellt werden, um sie beim Weiterleben zu unterstützen, wurden unsere Väter und Großväter mit ihren teilweise extrem traumatischen Erlebnissen vollkommen alleine gelassen. Bei ihrer Rückkehr aus Krieg und Gefangenschaft kamen sie als Verlierer, gedemütigt und zum Teil gebrochen in eine Frauenwelt, in der sie sich erst wieder ihren Platz verschaffen mussten. Der Blick wurde nach vorne gerichtet, Mann wollte, sollte vergessen. Die Frauen interessierten sich meist nicht für die alten Kriegsgeschichten oder konnten sie nicht begreifen, zumal sie ihre eigenen, häufig nicht minder schrecklichen Erfahrungen gemacht hatten. So wurde aus den Geschichten oft nur das Stammtischtaugliche* herausdestilliert, ohne die psychischen Belastungen zu bearbeiten. Auch die Söhne konnten ihnen kein Gegenüber sein – erst recht nicht nach den Anklagen der 1968er-Jahre. So blieb die im Leben der Kriegsteilnehmer emotional intensivste und prägendste Zeit tabuisiert, was nicht nur für jene eine lebenslange unbearbeitete Hypothek, sondern auch für uns, die Söhne, ein in seiner biografischen Bedeutung

---

* Dass Kriegserinnerungen oft so positiv verklärt scheinen, hat nicht notwendig mit unausrottbarem nazistischem Denken zu tun, sondern zum einen mit unserem Gehirn: Ein einziges eindruckvolles Erlebnis kann Hunderte von alltäglichen auslöschen; zum anderen tendieren wir dazu, unsere Erinnerungen so umzuformen, dass sie uns einen roten Faden und Lebenssinn vermitteln.

nach wie vor stark unterschätztes Erbe* darstellt. Die heute alten Männer sind nur verstehbar vor dem Hintergrund ihrer Kriegsgeschichte.

Depression, Suizid und Demenz können Ausdruck erfolgloser Krisenbewältigung im Alter sein. Das inhaltsleere, sinnlos gewordene Alter, in dem man sich vielleicht nur noch an Materiellem oder an seinem Körper festgehalten hatte, kann zur Flucht in die Illusion führen, die das

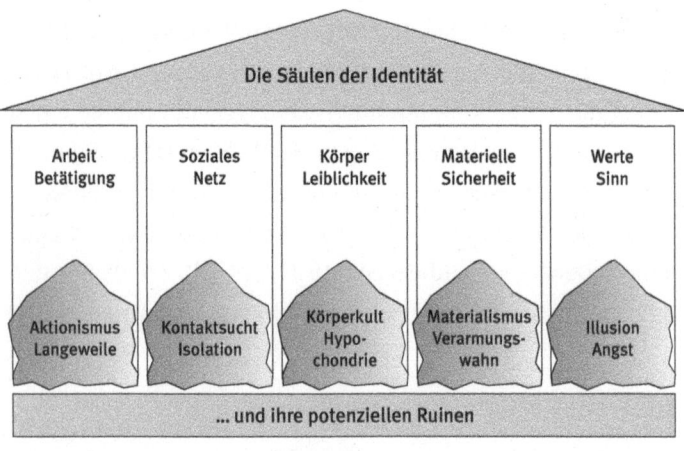

---

* In therapeutischen Familienaufstellungen wird gelegentlich sichtbar, welch bedeutsame Rolle diese unbearbeiteten Traumatisierungen der Väter im Leben der Söhne immer noch spielen können.

Glück in irgendeiner Form von Sucht zu finden glaubt oder sich in die autistischen Konstruktionen des Wahns versteigt. Die Illusion verspricht, ihre Kehrseite, die Sinnlosigkeit, Leere und Angst, niederzuhalten. Die Angst, die uns besonders dann zu überwältigen droht, wenn die anderen Säulen unserer Identität brüchig werden und wir den Halt zu verlieren drohen.

Nicht mehr den Helden spielen müssen

Wie das Beispiel Demenz zeigt, lassen sich die Schattenseiten des Alter(n)s nicht nur als Verluste und Abbau interpretieren, sondern können oft auch als Chancen und Gewinne gesehen werden. Die späte Freiheit Alter kann für den Mann heißen, manches endlich sein lassen zu können, nicht mehr den Helden spielen zu müssen. Die Fesseln der männlichen Geschlechtsrolle können etwas gelockert und vielleicht sogar abgelegt werden. Mann muss nicht mehr alles mitmachen und können – man kann, ohne zu kokettieren, öfter einmal sagen: „Dafür bin ich nun schon ein bisschen zu alt!" Mann muss nicht mehr die Inline-Skater anschnallen und kann sich trotzdem über seine körperlichen Bewegungsmöglichkeiten freuen; Mann muss zum 65. Geburtstag nicht mehr den Bungeesprung wagen und kann trotzdem auf weitere Herausforderungen gespannt sein; Mann muss nicht mehr die junge Attraktive erobern und kann trotzdem ihre Gegenwart genießen; Mann muss nicht mehr den Jungen auf der Harley davon fahren und kann trotzdem weiter an seiner Mobilität Freude haben.

Um Alterseinbußen äußerlich und innerlich gut zu bewältigen, ist das Zusammenspiel von drei Strategien hilfreich, wie in der Berliner Altersstudie belegt wurde: Selektion, Optimierung und Kompensation. Ich beschränke mich auf das, was ich noch kann; ich suche geeignete Mittel, um dies möglichst gut zu tun; gelingt dies nicht mehr, suche ich neue Wege. Am Beispiel des 80-jährigen Arthur Rubinstein lassen sich diese Prinzipien verdeutlichen: Er verringerte sein Repertoire, dafür übte er diese Stücke mehr als früher. Weil er nicht mehr so schnell wie früher spielen konnte, verlangsamte er vor besonders schnellen Passagen sein Tempo, so dass diese im Kontrast dann wieder ausreichend schnell wirkten.

Wir bewegen uns immer mehr in Richtung einer alterslosen Dorian-Gray-Gesellschaft, in der die traditionellen Altersschranken und Kennzeichen des Alters scheinbar immer mehr fallen und Alter nur noch als nachlassende Jugendlichkeit erscheint. Waren in den sechziger Jahren ein Junge noch durch kurze Hosen und ein erwachsener

Mann (zumindest im Angestelltenmilieu) durch Anzug und Krawatte markiert, unterscheiden sich Vater und Sohn heute kaum noch, kann sich ein alter Mann in Turnschuhen, Jeans und T-Shirt bewegen, ohne dass dies jemand für unschicklich befinden würde. Dies ist eine große Freiheit gegenüber den (Kleider-)Zwängen früherer Generationen, aber man muss für diese auch den Preis der ständigen individuellen Entscheidung bezahlen. Denn die Gleichgültigkeit gegenüber dem Alter ist nur eine scheinbare, und wir Jüngeren – und vor allem die Jungen – haben nach wie vor ein feines Gespür dafür, was altersgemäß ist und was nicht. Wir müssen ständig prüfen, was für uns innerlich stimmt und wo wir lediglich den Jungen nacheifern und uns damit als alte Narren lächerlich machen. Wir brauchen uns ja nicht gleich von der allgemeinen „Ver-beige-ung"* der Alten anstecken zu lassen, sollten uns jedoch gelegentlich daran erinnern, dass wir (in den Augen der anderen) schon älter sind, als wir uns fühlen.

---

* Mit zunehmendem Alter scheint Beige zur bevorzugten Kleider- und Schuhfarbe zu werden, gerade so, als ob die Alten nicht mehr wahrgenommen werden wollten.

Andere Seiten ausleben

Der Abschied von den starren männlichen Rollenzwän-
gen wird unterstützt durch die Geschlechtsrollendifferen-
zierungen oder Rollenumkehrung des Mannes im Alter.
Einige gerontologische und entwicklungspsychologische
Theorien beschreiben eine Androgynisierung, die zunehmende Integration von männlichen *und* weiblichen kör-
perlich-seelischen Anteilen. Das männliche Geschlechts-
hormon, das Testosteron, nimmt ab und das Östrogen,
das weibliche Pendant, nimmt zu. Betrug die Testosteron-
Östrogen-Relation beim jungen Mann noch 50 zu 1, kann
sie sich im Alter bis auf 10 zu 1 verringern – Männer und
Frauen gleichen sich im Alter hormonell an. So wurde
auch in der Berliner Alterstudie beobachtet: „Mit fort-
schreitendem Alter lassen sich an Frauen Verhaltenszüge
beobachten, die zur Dimension Männlichkeit gerechnet
werden (z.B. Assertivität [= Bestimmtheit/Durchsetzungs-
fähigkeit E.H.], Dominanz), während Männer sich eher in
Richtung auf feminine Verhaltenszüge hin entwickeln
(z.B. emotionale Wärme, fürsorgliches Interesse am anderen)."[4] Was die Zielscheibe gelegentlichen Spotts über die
Alten ist – die dominante Ehefrau und der schwache, wil-
lenlose Mann in ihrem Schlepptau –, kann zu einer Berei-
cherung des Gefühls- und Verhaltensrepertoires werden,
zu einer charakterlichen Weichheit und emotionalen Be-

reicherung, die dem Mann im Alter ganz neue Erlebens- und Begegnungsmöglichkeiten erschließen können. Es ist gerade so, meint Joachim Keding, „als dürften Frau und Mann aus dem Exil der geschlechtsspezifischen Einseitigkeit zurückkehren."[5]

Auch deswegen können die Großväter in der Enkelbetreuung andere Seiten zeigen und ausleben, als ihnen das in der Vaterrolle noch möglich war, können die Enkel zu ihren Großvätern häufig entspanntere Beziehungen entwickeln als zu ihren Vätern. Die ganzheitlicher werdenden alten Männer können zu gefragten Mentoren für Jüngere werden, sofern sie die Jungen nicht ungefragt mit ihren Ratschlägen erschlagen. In der mythologischen Figur des Mentor, eines Freundes des Odysseus und Beschützer seines Sohnes Telemach, verbarg sich die griechische Göttin Athene. Mentor vereinigt also sowohl männliche als auch weibliche Eigenschaften und kann offenbar genau deswegen dem jungen Mann Halt und Orientierung geben. Die Jungen brauchen Ältere, die ihnen ein Vorbild sind, an denen sie sich orientieren können, die ihnen eine Haltung, Werte und Orientierung vermitteln. Dabei sind es – wie bei den Weisheitsgeschichten aus dem Zen – wahrscheinlich weniger die richtigen Antworten als vielmehr hilfreiche (Gegen-)Fragen, die den Jungen einen produktiv verstörenden Impuls für ihre eigenen Gedanken geben. Mit zunehmendem Alter sollten wir nach Meinung von Klaus Dörner die Perspektive wechseln, weg von der Selbstbestimmung hin zur Bedeutung für andere. Denn wenn niemand mehr auf einen wartet und etwas von einem erwartet, so der Psychotherapeut Jürg Willi, ist man sozial tot. Jeder Mann ab 50 sollte Mentor für einen Jüngeren sein.

Störfall Alter?

Alt sein heißt auch, eine andere Beziehung zur Zeit zu entwickeln. War diese in jüngeren Jahren häufig die Gegnerin, gegen die man im Wettlauf oft unterlag, kann sie nun zur neuen Freundin werden. Gewiss, sie läuft immer schneller und wir können nur noch mit Wehmut an jene Kindheitstage zurückdenken, als uns die Wochen zwischen dem ersten Advent und Weihnachten wie Jahre vorkamen;* doch wir können zur Zeit in ein neues Verhältnis treten. Wenn wir uns nicht dem „Unruhestand" verschreiben, wo wir immer noch auf unseren überfüllten Terminkalender stolz sind, können wir uns der Slow-

---

* Deswegen sollte man seine Lebensmitte nicht erst mit dem 40. oder 50. Geburtstag feiern, sondern spätestens mit dem 30., da die danach kommende Zeit doppelt so schnell verstreicht.

food- und der Slow-life-Bewegung (Letztere wäre wohl erst noch zu begründen) anschließen, um die Freuden und neuen Perspektiven der Langsamkeit zu entdecken. Wir können nicht nur langsamer werden, wir müssen dies sogar immer mehr. Denn unser Körper beansprucht mit zunehmendem Alter immer mehr von unserer Aufmerksamkeit, wir können nicht mehr wie vordem Mehreres gleichzeitig erledigen. So nähern wir uns irgendwann dem Zen-Ideal der totalen Konzentration auf das Eine – „Ich gehe, wenn ich gehe" –, in der wir ja vordem alle, etwa als wir seinerzeit das Laufen lernten, schon einmal Meister waren. In der Langsamkeit liegen neue Chancen des Genießens, der Wahrnehmung von in der früheren Eile Übersehenem.*

„Das Alter konfrontiert uns mit dem Nicht-Angepassten, dem Eigenwilligen und Unberechenbaren in uns; mit dem, was unserem tagtäglich Funktionieren-Müssen und -Wollen einen Strich durch die Rechnung machen kann"[6], deutet die Sozialpsychologin Christel Schachtner eine Funktion dieser Lebensepoche. In der Langsamkeit liegt eine produktive Sperrigkeit des Alters, die dazu beiträgt,

---

* Wer es noch nicht kennt: Sten Nadolnys Buch „Die Entdeckung der Langsamkeit" gebührt das Verdienst, uns einen neuen Blick auf eine in unseren Zeiten geschmähte Eigenschaft erschlossen zu haben.

dass wir im Zeitalter der Beschleunigung nicht noch das letzte Maß des Menschlichen verlieren. Sich vom Zeittakt der Jungen zu verabschieden trägt dazu bei, dass nicht nur die Schnellen, sondern auch alle anderen ungefährdet an unserem Straßenverkehr teilnehmen können; dass in Warteschlangen vor den Supermarktketten wieder gesprochen wird; dass technische Geräte, die uns den Alltag erleichtern sollen, dies auch wirklich tun. Eine altengerechte Welt ist letztlich nichts anderes als eine menschengerechte Welt. „Es ist etwas wundervoll Widerborstiges und Anarchistisches in einer Gesellschaft, die Alte, Kranke, Behinderte sichtbar sein lässt", meint der Theologe Fulbert Steffensky, „eine solche Gesellschaft weiß, dass das Ziel des Menschen nicht seine Verwendbarkeit ist. Dies aber ist ein Grundwissen der Humanität: dass kein Mensch eines Zweckes wegen da ist."[7]

Die Alten werden von den Jungen meist nicht mehr gefragt und verstummen. Vielleicht sollten sie sich ihre produktive Sperrigkeit erhalten und sich an manchen Stellen ungefragt einmischen: sich einer weiteren Beschleunigung, Ökonomisierung und Zerstörung der Welt widersetzen, die späte Freiheit nutzen, um Koalitionen mit denen einzugehen, die sich für Ökologie, Frieden und Generationengerechtigkeit einsetzen. Zusammen mit den Jungen Widerstand leisten gegen die Mehrheit der alten Männer, die nach Meinung von George Bernard Shaw so gefährlich ist, weil ihnen die Zukunft völlig egal ist.

Hoffnung mit Trauerflor

Wir brauchen im Alter auch mehr Zeit, um uns unseren Erinnerungen zu widmen, die Verluste von Menschen und anderem Liebgewonnenen zu betrauern und zu verarbeiten, unser Leben abzurunden und uns auf das vorzubereiten, was immer auch für uns nach dem Tod kommen möge. Das Loslassen ist einzuüben, damit wir eines Tages ganz loslassen können. Denn auch im Sterben scheinen manche Männer noch mehr auf das männliche „Tun und Haben" und weniger auf das „Lassen und Sein" fixiert zu sein. Der Hospizfachmann Gregor Linneman fasst seine Beobachtungen bei sterbenden Männern so zusammen: „Männer wirken häufig wie überlastet mit der Tatsache ihres herannahenden Lebensendes. Während Frauen eine deutlichere Hingabe an den Sterbeprozess und den Tod zeigen, scheinen Männer dazu zu neigen, auch in dieser Phase des Lebens noch gegen etwas ankämpfen zu müssen. Wesentlich häufiger als Frauen sind Männer bis kurz vor ihrem Tod in umtriebiger Bewegung, sehen fern und sterben nicht selten im Sessel, noch mit der Zeitung in der Hand."[8]

Aber vor dem Sterben kommen hoffentlich neben den vielen großen und kleinen Abschieden, die ja immer auch ein kleiner Tod sind, bis zum letzten Atemzug auch gelegentliche Neuanfänge und Zugewinne, so wie Hermann Hesse dies in seinem Abschieds- und Anfangsgedicht in so wunderbare Worte fasst:

Stufen

Wie jede Blume welkt und jede Jugend
Dem Alter weicht, blüht jede Lebensstufe,
Blüht jede Weisheit auch und jede Tugend
Zu ihrer Zeit und darf nicht ewig dauern.

Es muß das Herz bei jedem Lebensrufe
Bereit zum Abschied sein und Neubeginne,
Um sich in Tapferkeit und ohne Trauern
In andre, neue Bindungen zu geben.
Und jedem Anfang wohnt ein Zauber inne,
Der uns beschützt und der uns hilft, zu leben.

Wir sollen heiter Raum um Raum durchschreiten,
An keinem wie an einer Heimat hängen,
Der Weltgeist will nicht fesseln uns und engen,
Er will uns Stuf' um Stufe heben, weiten.

Kaum sind wir heimisch einem Lebenskreise
Und traulich eingewohnt, so droht Erschlaffen,
Nur wer bereit zu Aufbruch ist und Reise,
Mag lähmender Gewöhnung sich entraffen.

Es wird vielleicht auch noch die Todesstunde
Uns neuen Räumen jung entgegen senden,
Des Lebens Ruf an uns wird niemals enden ...
Wohlan denn, Herz, nimm Abschied und gesunde![9]

Das Alter hat wie das ganze Leben seine Licht- und Schattenseiten, ist „Hoffnung mit Trauerflor", wie Paul Baltes sagt. Es kann neben allem Beschwerlichen die von Martin Buber so bezeichnete „herrliche Sache" sein, „wenn man nicht verlernt hat, was Anfangen heißt".

Klaus Dörner definiert Alter so: „Alt ist, wer mit 50 Prozent seiner Gedanken in der Vergangenheit ist, jung, wer mit mindestens 50 Prozent seiner Gedanken in der Zukunft." Und wer nichts mehr zum Drauf-Freuen, keine Perspektive, kein Projekt mehr hat, ist wahrhaftig alt. Jean Améry, der dieser Art Alter eigenhändig ein Ende setzte, beschrieb es so: „Im Leben eines jeden Menschen gibt es einen Punkt Zeit oder, wenn man es in mathematisch-präziser Ausdrucksweise will, die Nachbarschaft eines Punktes, wo er entdeckt, dass er nur ist, was er ist. Mit einem Mal, so erkennt er, bewilligt die Welt ihm nicht mehr den Kredit seiner Zukunft, sie will sich nicht mehr darauf einlassen, ihn als den zu sehen, der er sein *könnte*. Die Möglichkeiten, von denen er doch glaubte, sie seien ihm noch gewährt, blendet die Gesellschaft nicht mehr ein in das Bild, das sie sich von ihm macht. Er findet sich [...] als Geschöpf ohne Potentialität. Niemand fragt ihn mehr: Was wirst du tun? Alle stellen fest, nüchtern und unerschütterlich: *Das* hast du schon getan. Die Anderen, so muss er erfahren, haben Bilanz gezogen und ihm einen Saldo vorgelegt, der *er* ist."[10]

Das menschliche Leben ist in den vergangenen Jahrhunderten nach Lebensjahren immer länger geworden, aber gleichzeitig hat unsere Gesamtlebenserwartung unendlich abgenommen, worauf der Historiker Arthur Imhof hinweist. „Denn noch vor wenigen Generationen glaubten wohl die meisten unserer Vorfahren an Auferstehung und ein ewiges Leben. Zwar haben wir inzwischen die Zahl unserer Jahre auf Erden verdoppelt und verdreifacht, gleichzeitig indes vielfach den Glauben an die Ewigkeit verloren. Das Bruchstück hienieden ist alles, was uns blieb: ein vergleichsweise dürftiger Rest."[11] So kann eine zunehmende Religiosität im Alter mit dem Glauben an ein Weiterleben im Jenseits die Angst vor dem Tod verringern und eine Versöhnung mit allem Unerledigten, Unvollkommenen und Unrechten im irdischen Leben erleichtern. Wem mit dem Tod nicht alles endet, wer über eine spirituelle oder kosmische Transzendenz verfügt, der kann in guter Hoffnung sterben.

So sind wir bei dem letzten unserer fünf Werte- und Entwicklungsquadrate des Alter(n)s angelangt. Anstelle der Flucht in die Illusion oder des Abrutschens in die (Todes-) Angst geht es um die rechte Balance zwischen einem abschiedlichen Leben und einem Leben mit Idealen und Hoffnung bis zuletzt.

Was wir tun können, um unsere fünf Säulen der Identität auch im Alter zu erhalten, fasst der Psychotherapeut Hans Jellouschek in sechs Aufgaben zusammen, mit denen man spätestens in der zweiten Lebenshälfte begonnen haben sollte:

- Den Körper und die Gesundheit pflegen
- Sich der eigenen Seele öffnen
- Die Dinge verkosten und spüren
- Eigene Träume verwirklichen
- Persönliche Beziehungen pflegen
- Vom bloß Vergnüglichen zum Wertvollen gelangen.[12]

Bei Lichte besehen sind diese Entwicklungsaufgaben allerdings keine exklusiven Altersthemen, sondern beschreiben das, worauf es letztlich im ganzen Leben ankommt. Im Alter treten lediglich die lebenslangen Fragen des Mannseins in deutlicherer Kontur hervor und werden unabweisbarer. Wir brauchen deswegen keine Anti-Aging-Bewegung sondern ein Bekenntnis zu einem klaren Pro-Aging, das sich auf die kurze Formel bringen lässt: *Heute richtig leben*!

> [...]
> *Niemand wird alt,*
> *weil er eine Anzahl Jahre hinter sich gebracht hat;*
> *man wird nur alt,*
> *wenn man seinen Idealen Lebewohl gesagt hat.*
> *Mit den Jahren runzelt die Haut,*
> *mit dem Verzicht auf Begeisterung aber runzelt die*
> *Seele.*
> *Sorgen, Zweifel, Mangel an Selbstvertrauen,*
> *Angst und Hoffnungslosigkeit,*
> *das sind die langen Jahre,*
> *die das Haupt zur Erde ziehen*
> *und den aufrechten Geist in den Staub beugen.*

[…]
Du bist so jung wie deine Zuversicht,
so alt wie deine Zweifel.
So jung wie dein Selbstvertrauen,
so alt wie deine Furcht.
So jung wie deine Hoffnungen,
so alt wie deine Verzagtheit.
[…]
Erst wenn die Flügel nach unten hängen
und das Innere deines Herzens
vom Schnee des Pessimismus
und vom Eis des Zynismus bedeckt sind,
dann erst bist du wahrhaftig alt geworden.

(Albert Schweitzer)[13]

Epilog
When I'm Eighty-Four

> Älterwerden ist gar nicht so schlecht,
> wenn man die Alternative bedenkt.
>
> *Maurice Chevalier*

Wie kann man über etwas schreiben, das man am eigenen Leibe nie erfahren hat? Mit 53 Jahren bin ich zwar relativ alt, in den Augen manches 85-Jährigen jedoch noch ein unreifer Jüngling, der nicht wirklich wissen kann, wovon er redet. Auch wenn ich mich seit zwanzig Jahren mit gerontologischen Themen beschäftige, weiß ich nicht, wie es sich anfühlt, im Körper eines deutlich älteren Menschen, mit seiner Altersweisheit und seiner gereiften Seele zu leben. Und somit ist manches vorläufig, spekulativ und natürlich auch von meinem persönlichen Altern geprägt. Die Gerontologie ist die Wissenschaft vom Alter und vom Altern. Ich bin noch kein Greis,* altere aber schon seit 53 Jahren und kann deswegen zumindest teilweise mitreden, woran ich Sie im Folgenden etwas teilhaben lassen will.

---

* Auch wenn Immanuel Kant an seinem 50. Geburtstag mit „ehrwürdiger Greis" adressiert wurde.

1954 wurde ich mitten in die Wirtschaftswunderzeit hinein geboren. Manches von dem Alten, dem Morden und der Zerstörung war noch sichtbar, hie und da eine letzte Ruine des ausgebombten Stuttgart, die Kriegsversehrten ohne Beine oder Arme. Aber der Blick war nach vorne gerichtet, alle Männer wurden gebraucht, es ging scheinbar unendlich bergauf, der Fortschritt versprach für alle Probleme der Gegenwart und Zukunft eine Lösung.

Die ersten und prägenden Altersbilder waren meine Großeltern. Einerseits die strenge, pietistische und das Leben als Mühsal betrachtende Großmutter väterlicherseits. Sie wurde über 90 und war in ihren letzten Lebensjahren schwer altersverwirrt. Andererseits der lebensfrohe, genussfähige Großvater mütterlicherseits, der sich bei klarem Verstand alt und lebenssatt mit 85 Jahren verabschiedete und der für mich immer noch ein attraktives Bild von Hochaltrigkeit darstellt. Geboren in den 80er-Jahren des 19. Jahrhunderts, erlebten beide eine unglaubliche und einmalige Geschichte von zwei Kriegen, Hungersnöten, Wiederaufbauphasen, Wirtschaftskrisen, kamen von der Monarchie über die Demokratie zur Diktatur und wieder zur Demokratie, bewegten sich aus der Zeit der Pferdekutschen ins Industriezeitalter und mussten mit alldem mehrere „Kulturrevolutionen" nachvollziehen. Großvater und Großmutter repräsentieren die beiden Bilder des Alters: das attraktive, positive Alter, das wir uns für uns selbst wünschen, und das abhängige, negative Alter, das unseren Schrecken vor den Pflegeheimen nährt.

Es ist wenig Zeit zwischen der Zeit, wo man zu jung und der, wo man zu alt ist.[1]

Als fünftes von sieben Kindern begriff ich früh, welch zentrale Bedeutung der Altershierarchie und -gliederung zukommen. Ich wuchs auf zwischen dem „Da bist du noch zu klein für!" und „Dafür bist du schon zu groß!" Wie schmal kann doch der Korridor des richtigen Alters sein. Diese frühe Altersdifferenzierung bleibt für uns zeitlebens im Umgang mit Anderen ein wichtiges Kriterium der sozialen Differenzierung. Und im hohen Alter können dann ein oder zwei Jahre Unterschied wieder ganz bedeutsam werden.

Bis zu meinem zehnten Lebensjahr wuchs ich in einer Welt von weiblichen Autoritäten auf: die Mutter, die große Schwester, die Hausgehilfinnen, die Großmutter im Haus, die „Tanten" im Kindergarten, die Lehrerinnen in der Grundschule, die Flötenlehrerin. Der viel beschäftigte Vater und andere Männer tauchten in dieser Welt nur am Rande auf. Mit vier Jahren gehörte ich zum ersten Male

zu den Älteren: Der neue Jahrgang rückte in den Kindergarten ein. Auch war ich bereits für etliches schon zu alt:
So gelang es mir beispielsweise nicht mehr, meinen Fuß
hinters Ohr zu bringen.

In der Pubertät war einer der größten Wünsche meines
damaligen Lebens: älter sein! Was tat ich nicht alles, was
musste ich rauchen, saufen und anderen Männerriten
nachjagen, um zu den Älteren zu gehören. Zum „richtigen" Mann mit allen rituellen Zutaten, Initiationsriten
und Mutproben machte mich dann der Wehrdienst.
Gleichzeitig gehörte ich 1968 mit zu denjenigen, die mit
Überzeugung die Parole vertraten „Trau keinem über 30!"
Ein Leben jenseits dieser Schallmauer konnte ich mir nur
als ein spießiges Auf-den-Ruhestand-Hinvegetieren vorstellen. Der Kampf der Jungen gegen die Alten, die Hoffnung auf eine bessere Welt jenseits der etablierten, kapi-
talistischen der Alten, prägten mein Studium der Sozial-
pädagogik Ende der 1970er-Jahre.

Mit dem 27. Lebensjahr wurde ich erstmalig den Senioren
zugerechnet, zumindest mit dem Seniorenausweis im
Deutschen Jugendherbergswerk. Fast erwachsen wurde
ich mit 28. Die Geburt des ersten von drei Kindern
machte mich auf einen Schlag älter, bescherte mir den
Abschied vom unverbindlichen studentischen Leben und

ließ mich realisieren, dass ich ab sofort und unwiderruflich eine fast lebenslange Bindung und Verantwortung für einen anderen Menschen zu übernehmen hatte.

Einige Jahre arbeitete ich als Sozialarbeiter in der Psychiatrie, einer jener heimlichen Alteninstitutionen und nicht selten Zwischenstation vor dem Eintritt ins Pflegeheim. Als ich mit 30 Leiter eines Kinderheims wurde, fand ich mich auf einmal in der Rolle des „Alten" wieder. Seit 20 Jahren, seit Mitte dreißig, beschäftige ich mich als Dozent mit den Fragen des Alter(n)s. Die zukünftigen demografischen Umwälzungen waren damals gerade erst zur Kenntnis genommen worden, die gerontologischen Erkenntnisse und der einschlägige Buchmarkt noch überschaubar.

Seit meinem 42. Lebensjahr werde ich per arbeitsamtlicher Definition zu den "älteren Arbeitnehmern" gerechnet, gleichzeitig hat mich mein Ältester tatsächlich „alt" aussehen lassen, als er mich seinerzeit zum ersten Mal auf dem Fahrrad hinter sich ließ. Seit meinem 45. Lebensjahr, dem Beginn meiner Tätigkeit als Hochschullehrer, höre ich mich gelegentlich wie ein alter Mann reden, wenn ich der heutigen „angepassten" und „unpolitischen" studentischen Jugend davon erzähle, wie das so „zu meiner Zeit" an den Hochschulen zuging. So ähnlich hatten schon mein Vater und mein Großvater mit mir geredet.

Jetzt, Anfang 50, zeigen sich die ersten grauen Haare, hat die Faltencreme endgültig den Kampf verloren, ärgere ich mich über die immer kleiner gedruckten Texte; spüre die Zipperlein, die schon länger meine Wegbegleiter waren, gelegentlich heftiger kneifen und beißen. Ich gehöre womöglich zu jenen alternden Männern, deren Versuche, der Jugend hinterher- und dem Tod davonzulaufen, ich gelegentlich belächele; wie sie trainiere ich für den Halbmarathon, habe mir ein Rennrad zugelegt, arbeite (zu) viel. Ich gehöre immer mehr zur Generation der „Nochs", bin stolz auf alles, was ich noch kann oder wo ich den Jungen noch etwas vormache.

When I'm Eighty-Four ...

Wie wird es weitergehen? Frei nach dem Song der Beatles habe ich mein Leben weitergesponnen:

Wenn ich einmal 84 werden sollte, hoffe ich, weise und lebenssatt im Kreise meiner Kinder, Enkel und vielleicht auch schon Urenkel zu sitzen und deren Fragen und Sorgen gelassen zu begegnen. Manches, was meine um ein

*Jahr ältere Frau und mich in früheren Zeiten umgetrieben
hat, ist mit den Jahren unwichtig geworden, und wir
freuen uns an den guten Tagen miteinander. Noch immer
gehe ich zu den Dienstagsproben in meinem Kammeror-
chester, werde hier und da als Seniorberater angefragt und
habe manches zu den Fragen des Alters und des Älterwerdens zu sagen ...*

*Aber wenn ich einmal 84 werden sollte, kann es auch
sein, dass mein krummer Rücken mit mir gealtert ist, dass
meine Finger zum Geige spielen zu steif geworden sind
und dass mein Gedächtnis mich im Stich lässt. Dann
möchte ich auf jene gute Entscheidung von vor 25 Jahren
zurückblicken können, als wir unser gemütliches Einfami-
lienhaus mit Garten aufgaben und uns in eine kleinere
Wohnung in einem Mehrgenerationenprojekt einkauften.
Nach einer bewegten Konzeptions- und Bauphase, nach
vielen Kinderkrankheiten, war das Wohnprojekt zu einer
stabilen und lebendigen Wohn- und Lebensgemeinschaft
zusammen gewachsen. Wir hatten manche Nachbarn unterstützt, eine alte Dame mit versorgt, einige Wahlenkel
gehütet und einem krisenhaft Heranwachsenden vorüber-
gehendes Asyl gewährt.*

*Jetzt sitze ich auf meiner Bank in unserem Wohnhof,
schaue dem Treiben der jungen Leute zu, schüttle den Kopf*

über manch Neumodisches und begrüße eine Besucherin, die sich als Altenpflegerin vorstellt und behauptet, wir seien verabredet. Sie erinnert mich daran, dass nun bald meine Anmeldung für die Wohngruppe zwei Straßen weiter wirksam würde, wo doch auch schon zwei andere Nachbarn seien. An klaren Tagen wie heute kann ich mich an diesen, schon vor Jahren getroffenen Beschluss erinnern und ihn gutheißen. Mit meinen Kindern ist dies alles gründlich durchgesprochen. Wir haben eine gute Beziehung, unter anderem deshalb, weil nie auch nur der geringste Zweifel daran bestand, dass wir im Bedarfsfall ins Heim gehen würden. Ich freue mich auf die Wohngruppe, wo ich alte Bekannte treffen werde und mitsamt meinen Lieblingsmöbeln einziehen kann.

Ich bin stolz darauf, dass ich seinerzeit zu denjenigen gehörte, die gegen die alten Heimkasernen kämpften und zu deren Abschaffung beitrugen. Unterstützt in diesem Kampf wurden wir vom demografischen Wandel und vom Pleite gegangenen Staat, was neue, phantasievolle Mischkonstruktionen aus professioneller, bürgerschaftlicher und Selbsthilfe entstehen ließ. Inzwischen gibt es bei uns kein Pflegehaus mehr, das mehr als zwanzig Plätze hätte, in jedem Wohnquartier steht eines. Meist sind diese Stützpunkte Teil einer größeren Einheit mit Kindergarten, Bürgertreff, Beratungsstelle, Laden und Mobilitätszentrale.

Wenn ich einmal 84 werden sollte, wird wahrscheinlich alles noch mal ganz anders sein ...

Quellenangaben

Einleitung
[1] Brandes 2002, S. 13
[2] Fooken 1986, S. 255
[3] Mae West
[4] Adrian Verwoerdt
[5] Schützendorf 2005, S. 17

I. Gibt es ein Leben jenseits der Arbeit?
[1] Günter Baruschke
[2] Rudolf Rolfs
[3] Modifiziert nach Bruggmann 2000, S. 25
[4] Fooken 1999, S. 444
[5] Böhnisch/Winter 1993, S. 171
[6] Winter 2005, S. 80
[7] Bill Mockridge
[8] Friedan 1995, S. 194
[9] Pablo Casals, aus: Licht und Schatten auf einem langen Weg. Erinnerungen aufgezeichnet von Albert E. Kahn. © S. Fischer Verlag GmbH, Frankfurt am Main 1971

II. Einsam oder gemeinsam?
[1] Gräser 2002
[2] Berberich/Brähler 2001; Fooken 1999
[3] Klein 1993
[4] Schützendorf 2005, S. 67

[5] Fooken 1986, S. 256

[6] Bründel/Hurrelmann 1999, S. 104

[7] Shapiro 1992, S. 212

[8] Böhnisch 2005, S. 83

[9] Fooken 2000

[10] Böhnisch 2005, S. 83

[11] Peters 2004, S. 200

[12] Schützendorf 2005, S. 70

[13] Shapiro 1992, S. 112

[14] Heinrich Böll

[15] Peters 2004, S. 200

[16] Böhnisch 2005, S. 81

[17] Kurt Marti, Leichenreden. Mit einem Vorwort von Peter Bichsel. © 2001 Nagel & Kimche im Carl Hanser Verlag, München

III. Nicht mehr können oder nicht mehr müssen?

[1] Zeier 2005, S. 10

[2] Böhnisch/Winter 1993, S. 171

[3] Peters 2004, S. 160

[4] Butler/Lewis 1996

[5] Brähler u. a. 2001, S. 13

[6] Hollstein 1992

[7] Bründel/Hurrelmann 1999, S. 126

[8] Zeier 2002, S. 73

[9] Dinkel/Luy 1999

[10] Bobbio 1998, S. 54

[11] Hagemann-White 1984, S. 91

[12] Neutzling 2003, S. 37

[13] Modifiziert nach Lambrecht/Bracker 1992, S. 112

[14] Köpf 2005

[15] Keding 2002a

[16] Nossrat Peseschkian, aus: Der Kaufmann und der Papagei. © Fischer Taschenbuch Verlag GmbH, Frankfurt am Main 1979.

IV. Generationenvertrag oder Generationenbetrug?

[1] Schützendorf 2005, S. 80

[2] Peters 2004, S. 172

[3] Rosenmayr 1995

[4] Kunz /Brunatti 1998

[5] Schützendorf 2005, S. 104

[6] Leo Tolstoj, zitiert nach: Erich Schützendorf: In Ruhe alt werden können. Widerborstige Anmerkungen. Mabuse-Verlag 2005, S. 73

V. Trauer oder Hoffnung?

[1] Brocher 1985, S. 135–141

[2] Neutzling 2003, S. 38

[3] Erich Fried, Vielleicht. Aus: Es ist was es ist. © Verlag Klaus Wagenbach, Berlin 1983, NA 1996

[4] Meyer/Baltes 1999, S. 578–579

[5] Keding 2002a

[6] Schachtner 1988, S. 226

[7] Steffensky 2006

[8] Linnemann 2005

[9] Stufen, aus: Hermann Hesse, Sämtliche Werke,
Band 10: Die Gedichte, © Suhrkamp Verlag, Frankfurt
am Main, 2005

[10] Améry 1968, S. 65

[11] Imhof 1996, S. 326

[12] Jellouschek 1996, S. 163–168

[13] Albert Schweitzer, Quelle unbekannt.

Epilog
[1] Charles Montesquieu

Anmerkung des Verlages:
Wir danken den Verlagen und Rechteinhabern für die Er-
teilung der Abdruckgenehmigungen. Bei einigen Texten
war es trotz gründlicher Recherchen nicht möglich, die
Inhaber der Rechte ausfindig zu machen. Honoraransprü-
che bleiben bestehen.

Literatur

Améry, Jean: Über das Altern – Revolte und Resignation. Stuttgart 1968

Anonymus: Wohin mit Vater? Ein Sohn verzweifelt am Pflegesystem. Frankfurt 2007

Benard, Cheryl/Schlaffer, Edith: Der Mann auf der Straße. Reinbek 1980

Berberich, Hermann/Brähler, Elmar (Hrsg.): Sexualität und Partnerschaft in der zweiten Lebenshälfte. Gießen 2001

Bobbio, Norberto: Vom Alter – De senectute. Berlin 1998

Böhnisch, Lothar/Winter, Reinhard: Männliche Sozialisation – Bewältigungsprobleme männlicher Geschlechtsidentität im Lebenslauf. Weinheim/München 1993

Böhnisch, Lothar: Lebensbewältigung und Beratung von Männern im Alter. In: Schweppe, Cornelia (Hrsg.): Alter und Soziale Arbeit – Theoretische Zusammenhänge, Aufgaben und Arbeitsfelder. Hohengehren 2005. S. 77–86

Brähler, Elmar/Goldschmidt, Susanne/Kupfer, Jörg: Männer und Gesundheit. In: Brähler, Elmar/Kupfer, Jörg (Hrsg.): Mann und Medizin. Göttingen 2001. S. 11–33

Brandes, Holger/Roemheld, Regine (Hrsg.): Männernormen und Frauenrollen. Geschlechterverhältnisse in der sozialen Arbeit. Leipzig 1998, S. 29–52

Brandes, Holger: Der männliche Habitus. Opladen 2002

Brocher, Tobias: Stufen des Lebens. Stuttgart 1977

Brod, Harry (ed.): The Making of Masculinities. Boston 1987

Bruder, Jens: Filiale Reife – ein wichtiges Konzept für die familiäre Versorgung kranker, insbesondere dementer alter Menschen. In: Zeitschrift für Gerontopsychologie und -psychiarie, 1/1988. S. 95–101

Bruggmann, Michael: Die Erfahrung älterer Mitarbeiter als Ressource. Wiesbaden 2000

Bründel, Heidrun/Hurrelmann, Klaus: Konkurrenz, Karriere, Kollaps – Männerforschung und der Abschied vom Mythos Mann. Stuttgart 1999

Bundesministerium für Familie, Senioren, Frauen und Jugend (Hrsg.): 1. bis 5. Altenbericht der Bundesregierung. Berlin 1996 – 2006

Butler, Robert N./Lewis, Myrna, I.: Alte Liebe rostet nicht. Bern 1996

Casals, Pablo: Licht und Schatten auf einem langen Weg. Erinnerungen aufgezeichnet von Albert E. Kahn. Frankfurt 1971

Connell, Robert W.: Der gemachte Mann. Opladen 1999

Dekkers, Midas: An allem nagt der Zahn der Zeit. Vom Reiz der Vergänglichkeit. München 1999

Dinkel, Reiner H./Luy, Marc: Natur oder Verhalten? Ein Beitrag zur Erklärung der Übersterblichkeit durch einen Vergleich von Kloster- und Allgemeinbevölkerung. In: Zeitschrift für Bevölkerungswissenschaft 2/1999. S. 105–132

Dörner, Klaus: Leben und sterben, wo ich hingehöre. Dritter Sozialraum und neues Hilfesystem. Neumünster 2007

Erlemeier, Norbert: Suizidalität und Suizidprävention im Alter. Stuttgart 2002

Ewers, Hans-Heino/Mikota, Jana/Reulecke, Jürgen/Zinnecker, Jürgen (Hrsg.): Erinnerungen an Kriegskindheiten. Erfahrungsräume, Erinnerungskultur und Geschichtspolitik unter sozial- und kulturwissenschaftlicher Perspektive. Weinheim 2006

Filipp, Sigrun-Heide: Lebenserfahrung und Lebenssinn. Biografische Aspekte des Alterns. In: Deutsches Institut für Fernstudienforschung an der Universität Tübingen (Hrsg.): Funkkolleg Altern. Studieneinheit 3. Tübingen 1996

Fooken, Insa: Männer im Alter – Psychologische und soziale Aspekte. In: Zeitschrift für Gerontologie 19/1986. S. 249–275

Fooken, Insa: Geschlechterverhältnisse im Lebenslauf. In: Jansen, Birgit u.a.: Soziale Gerontologie – Ein Handbuch für Lehre und Praxis. Weinheim/Basel 1999. S. 441–452

Fooken, Insa: Soziale Verluste und Veränderungen ‚nach dem Zenit‘ – zur intergenerativen Beziehungsdynamik ‚spät geschiedener‘ Männer und Frauen. In: Perrig-Chiello, Pasqualina/Höpflinger, Francois (Hrsg.): Jenseits des Zenits. Männer und Frauen in der zweiten Lebenhälfte. Bern 2000. S. 99–117

Forster, Margaret: Ich glaube ich fahre in die Highlands. Zürich 1990

Fried, Erich: Es ist was es ist. Berlin 1983, Neuausgabe 1986

Friedan, Betty: Mythos Alter. Reinbek 1995

Geppert, Jochen/Kühl, Jutta (Hrsg.): Gender und Lebenserwartung. Bielefeld 2006

Goffman, Erving: Asyle – über die soziale Situation psychiatrischer Patienten und anderer Insassen. Frankfurt 1972

Gräser, Horst u.a.: Zufriedenheit in Partnerbeziehungen: Analyse latenter Entwicklungsgradienten im 14-Jahres-Längsschnitt. In: Walper, Sabine/Pekrun, Reinhard (Hrsg.): Familie und Entwicklung. Aktuelle Perspektiven der Familienpsychologie. Göttingen 2002. S. 200–216

Gronemeyer, Reimer: Die Entfernung vom Wolfsrudel. Über den drohenden Krieg der Jungen gegen die Alten. Düsseldorf 1989

Hagemann-White, Carol: Sozialisation: Weiblich – männlich? Opladen 1984

Hammer, Eckart/Bartjes, Heinz: Männer und Männlichkeit in der Sozialen Arbeit – am Beispiel Altenarbeit. In: Sozialmagazin 9/1995. S. 10–28

Hammer, Eckart/Bartjes, Heinz: Mehr Männer in den Altenpflegeberuf. Eine Expertise im Rahmen des Gender Mainstreaming, erstellt vom Caritasverband der Diözese Rottenburg-Stuttgart e.V. Eigenverlag Stuttgart 2005

Hammer, Eckart: Die späte Freiheit oder der Anfang vom Ende? Herausforderungen der 3. Lebensphase. In: Männernetzwerk 2/2005. S. 20–35

Hesse, Hermann: Sämtliche Werke, Band 10: Die Gedichte. Frankfurt 2002

Hollstein, Walter: Nicht Herrscher, aber kräftig. Hamburg 1989

Hollstein, Walter: Männlichkeit und Gesundheit. In: Brähler, Elmar/Felder, Hildegard (Hrsg.): Weiblichkeit, Männlichkeit, Gesundheit. Opladen 1992. S. 64–75

Höpflinger, Francois: Männer im Alter. Hrsg. Pro Senectude Schweiz. Zürich 2002

Hoppe, Birgit: Geschlechterdifferenz des Alterns: In: Hoppe, Birgit/Wulf, Christoph (Hrsg.): Altern braucht Zukunft. Hamburg 1996. S. 77–93

Hurrelmann, Klaus/Ulich, Dieter (Hrsg.): Neues Handbuch der Sozialisationsforschung. Weinheim 1991. S. 279–301

Imhof, Arthur E.: Die Zunahme unserer Lebensspanne seit 300 Jahren und ihre Folgen. Stuttgart 1996

Janosch: Ich mach dich gesund, sagte der Bär. Zürich 1985

Jellouschek, Hans: Semele, Zeus und Hera. Die Rolle der Geliebten in der Dreiecksbeziehung. Stuttgart 1987

Jellouschek, Hans: Mit dem Beruf verheiratet. Zürich 1996

Keding, Joachim E.: Der Mann und seine eigene Zeit. In: Magazin info3, Oktober 2002a

Keding, Joachim E.: Von nun an geht's bergauf – Männer in den Wechseljahren. Esslingen 2002

Klein, Thomas: Soziale Position und Lebenserwartung. Eine kohortenbezogene Analyse mit den Daten des sozio-ökonomischen Panels. Zeitschrift für Gerontologie 26/1993. S. 313–320

Koch-Straube, Ursula: Von der Angst, den Kopf zu verlieren. In: Forum Sozialstation 61/1992. S. 13–19

Koch-Straube, Ursula: Fremde Welt Pflegeheim. Bern 1997

Köpf, Gerhard: Ein alter Herr. Tübingen 2005

Kruse, Andreas/Martin, Mike (Hrsg.): Enzyklopädie der Gerontologie. Alternsprozesse in multidisziplinärer Sicht. Bern 2004

Kunz, Fred/Brunatti, Renato: Männerspezifische Arbeit in einem geronto-psychiatrischen Krankenheim – ein interdisziplinär-agogischer Ansatz zur Verbesserung der Lebensbedingungen der männlichen Bewohner. Unveröffentlichte Diplomarbeit an der Schule für Soziale Arbeit. Zürich 1998

Lambrecht, Petra/Bracker, Maren: Die Pflegebereitschaft von Männern – 50 Jahre kann man nicht einfach beiseite schieben. Kassel 1992

Linnemann, Gregor: Sterben Männer anders? In: Sozial extra 10/2005

Luy, Marc: Ursachen der männlichen Übersterblichkeit: Eine Studie über die Mortalität von Nonnen und Mönchen. In: Geppert, Jochen/Kühl, Jutta (Hrsg.): Gender und Lebenserwartung. Bielefeld 2006. S. 36–76

Marti, Kurt: Leichenreden. Mit einem Vorwort von Peter Bichsel. München 2001

Mayer, Karl Ulrich/Baltes, Paul B. (Hrsg.): Die Berliner Altersstudie. Berlin 1999

Müller-Schöll, Albrecht: Unveröffentlichter Vortrag bei der Tagung „Solidargemeinschaft oder Krieg der Generationen? Alt und Jung am Ende des 20. Jahrhunderts" vom 6. – 8.9.96 in der Evangelischen Akademie Thüringen, Neudietendorf

Nadolny, Sten: Die Entdeckung der Langsamkeit. München 1993

Neutzling, Rainer: Mit Mann und Maus – Warum sich mehr Männer als Frauen umbringen. In: Sozialmagazin 6/2003. S. 30–38

Niederfranke, Annette: Das Alter ist weiblich. Frauen und Männer altern unterschiedlich. In: Deutsches Institut für Fernstudienforschung an der Universität Tübingen (Hrsg.): Funkkolleg Altern. Studieneinheit 10. Tübingen 1996

Olshansky, S. Jay/ Carnes, Bruce A.: Ewig jung? Altersforschung und das Versprechen vom langen Leben. München 2002

Perrig-Chielleo, Pasqualina/Höpflinger, Francois (Hrsg.): Jenseits des Zenits – Frauen und Männer in der zweiten Lebenshälfte. Bern 2000. S. 61–74

Peseschkian, Nossrat: Der Kaufmann und der Papagei. Frankfurt 1979

Peseschkian, Nossrat/Kornbichler, Thomas: Morgenland – Abendland. Positive Psychotherapie im Dialog der Kulturen. Frankfurt 2003

Peters, Meinolf: Klinische Entwicklungspsychologie des Alters. Göttingen 2004

Petzold, Hilarion/Heinl, Hildegund: Gestalttherapeutische Fokaldiagnose und Fokalintervention in der Behandlung von Störungen aus der Arbeitswelt. In: Integrative Therapie 1/80, S. 20–57

Pirsig, Robert: Zen und die Kunst ein Motorrad zu warten. Frankfurt 1974

Postman, Neil: Das Verschwinden der Kindheit. Frankfurt 1984

Radebold, Hartmut: Abwesende Väter. Göttingen 2002

Radebold, Hartmut: Beschädigte Kriegskindheit. Gießen 2003

Rassek, Michael: Männer sind wie fremde Länder. In: Psychosozial 4/1996. S. 15–22

Rosenmayr, Leopold: Alterspositionen im Kulturvergleich. In: Landeszentrale für politische Bildung Baden-Württemberg (Hrsg.): Alte, alternde Gesellschaft, Altenpolitik. 4/1995. S. 167–171

Schachtner, Christel: Störfall Alter. Für ein Recht auf Eigen-Sinn. Frankfurt 1988

Scherf, Henning: Grau ist bunt. Was im Alter möglich ist. Freiburg 2006

Schnack, Dieter/Neutzling, Rainer: Kleine Helden in Not – Jungen auf der Suche nach Männlichkeit. Reinbek 1990

Schulz von Thun, Friedemann/Ruppel, Johannes/Stratmann, Roswitha: Miteinander reden: Kommunikationspsychologie für Führungskräfte. Reinbek 2000

Schützendorf, Erich: In Ruhe alt werden können? Widerborstige Anmerkungen. Frankfurt 2005

Senf, Tilman, Pflegende Männer ... und es gibt sie doch. Stuttgart 1996

Shapiro, Joan: Männer sind wie fremde Länder. Frankfurt 1992

Stark, Ulf/Höglund, Anna: Kannst du pfeifen, Johanna. Hamburg 1992

Steffensky, Fulbert: Das Alter: Man kann sich nicht mehr durch sich selbst rechtfertigen. In: Bruderhausdiakonie sozial 3/2006

Stephan, Cora: Droht ein Krieg der Generationen? In: Zeitpunkte: Keine Angst vor dem Alter. 1/96. S. 50–53

Suter, Martin: Small World. Zürich 1997

Sydow von, Karin: Die Lust auf Liebe bei älteren Menschen. München 1992

Thane, Pat (Hrsg.): Das Alter – eine Kulturgeschichte. Darmstadt 2005

Thimm, Caja: Alter – Sprache – Geschlecht. Sprach- und kommunikationswissenschaftliche Perspektiven auf das höhere Lebensalter. Frankfurt 2000

Thompson, Edward H. (Ed.): Older Men's Lives. Thousand Oaks 1994

Tremmel, Jörg: Der Generationsbetrug. Plädoyer für das Recht der Jugend auf Zukunft. Frankfurt 1996

Unger, Ulrike/Brähler, Elmar: Sexuelle Aktivität im Alter – Ergebnisse einer Repräsentativbefragung. In: Kruse, Andreas (Hrsg.): Psychosoziale Gerontologie, Band 1 Grundlagen. Göttingen 1998

Zeier, Hans: 50 Plus – was nun? Körperliche Veränderungen, Chancen für die zweite Lebenshälfte. In: Männernetzwerk – Faszination Männerleben. 2/2005. S. 2–18

Zeier, Hans: Männer über fünfzig. Körperliche Veränderungen – Chancen für die zweite Lebenshälfte. 2. Auflage Bern 2002

Der Autor kann unter folgender Anschrift erreicht werden:

Prof. Dr. Eckart Hammer
Evangelische Fachhochschule
Auf der Karlshöhe 2
71638 Ludwigsburg
e.hammer@freenet.de

Dank

Dieses Buch wäre nicht erschienen, wenn mich nicht einige Leute darin bestärkt hätten, es zu schreiben. Für kritische und ermutigende Begleitung danke ich Prof. Dr. Heinz Bartjes, Sigrid Bischof, Brigitte Hammer, Prof. Heinz Fischer, Ulrich Mack, Egon Rauch, Irene Reifenhäuser, Dr. Eva Renate Schmidt und Wilfried Sigloch; Rainer Neutzlings freundschaftliche Kritik gab den entscheidenden Impuls zur jetzigen Form; meiner Lektorin, Judith Mark, danke ich für ihre wertschätzende und geduldige Betreuung.